BIBLIOTECA JOVEN

EL UNIVERSO DE LOS AZTECAS

Traducción de
JOSÉ LUIS MARTÍNEZ (Cap. I)
JUAN JOSÉ UTRILLA (Caps. II-IV)

JACQUES SOUSTELLE

El universo de los aztecas

MÉXICO

Primera edición en francés, 1979
Primera edición en español, 1982
Octava reimpresión,   2004

Soustelle, Jaques
    El universo de los aztecas / Jacques Soustelle ; trad. de
José'Luis Martínez, Juan José Utrilla. — México : FCE, 1982
    185 p. : ilus. ; 23 × 14 cm — (Colec. Antropología)
    Título original L'Univers des Aztèques
    ISBN 968-16-0872-0

    1. Aztecas — Religión y Mitología 2. Indios de México
— Religión y Mitología I. Martínez, José Luis, tr. II. Utrilla,
Juan José, tr. III. Ser IV. t

LC F1219.76 R45 S6818   Dewey 299.74 S725u

La edición original fue publicada en Francia bajo el título de
L'univers des Aztèques.

© 1979, HERMANN, editores de ciencias y artes, París
ISBN 2-7056-5901-3

Comentarios y sugerencias: editor@fce.com.mx
www.fondodeculturaeconomica.com
Tel. (55)5227-4672 Fax (55)5227-4694

D. R. © 1982, FONDO DE CULTURA ECONÓMICA
Carretera Picacho-Ajusco 227; 14200 México, D. F.

ISBN 968-16-0872-0

Impreso en México • *Printed in Mexico*

I. RESPETO A LOS DIOSES MUERTOS

EL DIABLO DEBE SER TOMADO EN SERIO

¿SON LOS dioses de México esos pobres seres quejumbrosos que lloran su destino, ese Tláloc que tiene frío y calor de tanto llorar, ese Quetzalcóatl que se monta en la espalda de su vecino "con una lentitud repugnante" como quién sabe qué ciempiés, ese Huitzilopochtli lagrimoso que se queja como un muchacho al que se ha quitado el postre? Al principio de la escena que les consagra Paul Claudel se les califica de "espantosos dioses de sangre y de tinieblas", lo cual puede discutirse y se discutirá. Pero aunque se admitiera esta definición, ¿cómo podrían reconocerse las divinidades terribles de la América precristiana en esas imágenes de payasos? Piénsese lo que se piense de ellas, ¿no merecían algo mejor u otra cosa que un intermedio cómico?

Seguramente nuestro poeta ha querido divertir al espectador a costa de los dioses vencidos, con lo que se muestra poco magnánimo en su victoria. No teme tampoco recurrir a artificios desollando sus nombres: Vitsliputzli o Huichtlipochtli en lugar de Huitzilopochtli, o inventando nombres como Ixtlipetzloc o Hichtli-Horktchli, cuyo carácter cacofónico subraya no sin pesadez el recitante. Es posible que las sílabas aztecas desconcertaran al europeo, pero después de todo, ¿por qué Dios no podría hablar el azteca? Los romanos del siglo I escuchaban con un sentimiento de desdeñosa superioridad a los esclavos cristianos estropear los nombres hebreos de su nuevo panteón. "Quisiera saber dónde han encontrado nombres como ésos", hubiera exclamado un Claudel latino o griego que se rebelara contra el exotismo de las religiones importadas de Asia Menor. Y respecto de las "mitologías confusas", recordemos que son siempre las ajenas las que se considera confusas, sobre todo en la medida en que se las ignora y en que se cree conocer las del propio país y tiempo. En realidad, todas las mitologías son confusas; felizmente, porque de

7

otra manera se volverían sistemas filosóficos. Ponderándolo bien, puede preferirse la *Historia sagrada* a la *Crítica de la razón pura*, y el *Teteoínan icuic* a *El mundo como voluntad y representación*. Pero tengamos cuidado. Una mitología vale tanto como otra, y no reconozco el derecho de condenar una de ellas con el pretexto de que no es la que me enseñó mi abuela.

Es evidente y aun natural que Paul Claudel haya escrito esta escena con un prejuicio de hostilidad y denigramiento. Pero, ¿por qué tomar en broma a los dioses mexicanos? Esto es una especie de golpe bajo y sobre todo una grave contradicción interna: esos seres que nuestro autor pone en escena existen, y existen sin duda alguna como demonios. ¿No aparecen, acaso, rodeados de diablillos que forman su cortejo? Ciertamente, son demonios, y me sorprende que un poeta cristiano no tome en serio a los demonios. Todo el siglo XVI español ha *creído* sinceramente en la existencia de los dioses mexicanos. Nunca pasó por la cabeza de Cortés, de Bernal Díaz, de Zumárraga o de Sahagún negar la existencia de seres cuya realidad se afirmaba con tanta evidencia en cada aspecto del paisaje y en cada instante de la vida de los hombres. Huitzilopochtli, Quetzalcóatl, Tláloc, Tezcatlipoca y todas las demás innumerables entidades no eran, para los conquistadores o los sacerdotes, "falsos dioses" ni ilusiones ni creaturas imaginarias de las conciencias extraviadas. Los reconocían como poderes reales, aunque demoniacos. Para ellos, todo ser sobrenatural no cristiano sólo podía ser un demonio.

Así lo dice, con cierta chulería, Hernán Cortés al emperador Moctezuma II desde el principio de su estancia en México: "no son dioses sino cosas malas que se llaman diablos". Ignórase cómo la india Malintzin, quien servía de intérprete al *caudillo* extremeño, pudo traducir al soberano azteca esta frase sacrílega. La lengua mexicana no tiene palabra que corresponda a "diablo" o a "demonio". Posteriormente, los predicadores desviaron de su significación original los nombres de las temibles divinidades del Oeste, los Tzitzimime, y aun inventaron la palabra *tlacatecólotl*, "el hombre búho", para designar a los diablos que obsesionaban desde hacía miles de años la conciencia europea. Y más simplemente, impusieron el vocablo español *diablo*. Durante todo el siglo XVI la doctrina oficial, ortodoxa, aceptada por los padres misioneros fue ésta: las divinidades mexicanas existen, *pero* se trata de diablos que se hacen pasar por dioses. "Huitzilopochtli no es dios. Tezcatlipoca no es dios. Tláloc no es dios. . . todos son demonios", escribió Sahagún, quien añadió: "Vuestros antepasados adoraban a un dios llamado Tezcatlipoca [pero hoy sabemos que] es Lucifer, padre de toda maldad y mentira."

En 1560, el cronista oficial de la Imperial Ciudad de México, don Francisco Cervantes de Salazar, no vacilaba en afirmar que la religión mexicana fue fundada por Lucifer para arrastrar a los indios y que "diesen para siempre consigo en lo profundo del infierno"; decía además que "en la provincia de México el principal demonio que adoraban. . . se llamaba Ochipustl Uchilobus". Y aun cuando habla de los actos adivinatorios de los hechiceros, no los pone en duda sino que, por lo contrario, afirma que "todo esto pueden hacer, porque el diablo, cuyos ellos son, se lo enseña, para engañar a otros".

Nadie está, pues, más alejado que estos españoles de la actitud racionalista de los incrédulos que los sucederán y que proclamarán que los dioses de México "no existían". En su universo había lugar para dos —no para más— series divinas de signo contrario: la del cristianismo, del lado fasto, y la de México, del lado nefasto, y ambas reales. En este sentido, negar la existencia de Tláloc hubiese sido una blasfemia, porque Dios sólo puede ser vencedor cuando tiene enemigos por deshacer.

Esta visión de las cosas es seguramente la de Claudel. Debe serlo porque él ha sentido mejor que nadie lo que trastornaba, en el mundo por descubrir, el empuje conquistador de Castilla. Debe serlo porque sólo así se justifica la declaración inicial del expositor: la "larga noche anterior al nacimiento" es el tiempo de la dominación demoniaca. ¿Y para qué mostrar, si no existen, a los dioses "que se reúnen con inquietud en la playa"?

Claudel está muy de acuerdo con la línea ortodoxa de los españoles que llegaron a esta playa. No se hace vanas ilusiones sino que denuncia a demonios reales que abatirá el descubrimiento.

Pero, entonces, lo cómico no tiene lugar. El diablo puede ser cuanto se quiera, menos un motivo de risa. De ahí ese algo de rechinante que hay en esta escena, ese algo que no "pega". Quisiérase ver terribles, sangrientos si se quiere, grandiosos sin duda en el horror, a esos dioses aún en su dominio y destinados mañana a desaparecer, a volver a los infiernos. La bufonería no va con ellos, y no sienta tampoco al Dios de Claudel, quien va a arrebatarles en reñida lucha un continente inmenso. Unos y otros valen mucho más que esto.

LA GRAN CALDERA AZTECA

Pero ¿cómo estar seguros de que los dioses adorados —y con qué pasión, qué minucia y qué esplendor— por los millones de súbditos de un vasto imperio son sólo demonios? ¿Cómo expulsarlos al otro lado de la línea que separa en dos el dominio de lo sagrado? Hablando con propiedad, basta una comprobación de identidad. Estos dioses no tienen sus papeles en regla, son desconocidos en el fichero de la ortodoxia, no figuran en la mitología aceptada. De pronto, helos aquí echados del infinito cósmico, relegados al otro lado de las alambradas "en las tinieblas exteriores". En fin, basta con la regla según la cual "los dioses vencidos son los demonios de los vencedores".

Pero, ¿basta realmente? De todas maneras, uno se siente más cómodo invocando en su auxilio a la conciencia universal, la piedad y la solidaridad humana. Y de allí surge el tema de "la gran caldera azteca" que Paul Claudel vuelve a tomar con brillo. Los sacrificios sangrientos, los corazones arrancados de los pechos hendidos por el pedernal, las calaveras ostentadas en los *tzompantli* condenan a los dioses del México antiguo y con ellos a su civilización. La conquista es, pues, salvadora; arranca a las almas del infierno y a los cuerpos de la "gran caldera". Las lágrimas odiosas de Huitzilopochtli son las de un ogro frustrado en sus monstruosas comidas. No llora más que por sí mismo y por su estómago, y no sólo es un vencido sino también un bribón.

El tema de los sacrificios humanos en el México antiguo no puede eludirse. Puede alegarse sin duda que su importancia ha sido exagerada sistemáticamente por los conquistadores y los misioneros. El comprensible horror que experimentaron los castellanos cuando vieron en Tenochtitlan la estatua del gran dios tribal cubierta con la sangre de las víctimas, y con mayor razón, cuando pudieron ver a lo lejos las cabezas de sus propios compañeros exhibidas sobre los macabros caballetes, toda esta repulsión frente a un espectáculo de crueldad desacostumbrada los llevó a falsear la imagen. Advertimos, de paso, que los mismos castellanos encontraban absolutamente natural que Cortés hiciera colgar, mutilar y quemar vivos a españoles o indios, porque la crueldad *habitual* no choca. Muy sinceramente, los españoles encontraban feroces a los indios porque sacrificaban seres humanos frente a sus dioses; y no menos sinceramente, los indios temblaban frente a la ferocidad española cuando los conquistadores comenzaron las matanzas de Cholula y de México: porque el ideal de los indios en la guerra —lo que se ignora con mucha frecuencia— era el de no matar a nadie. Una batalla consistía en hacer prisioneros que debían ser sacrificados después. De esta manera, en México los sacrificios humanos sustituían a las pérdidas en el campo de batalla que ocurren en nuestro mundo. En este aspecto, si se quiere comparar la civilización de los aztecas y la nuestra, no deben compararse las cifras de los sacrificios humanos: "cristianos, 0; aztecas, tantos millares", sino las pérdidas en tiempos de guerra en Europa y las ocasionadas por los sacrificios humanos en México. Entonces resulta evidente que el mismo emperador Ahuízotl, que consagró el gran templo de México con la sangre de 20 mil víctimas, no era más que un niño al lado de nuestros jefes de guerra y hombres de Estado. Hubieran sido necesarios a los dioses aztecas muchos siglos para devorar tantos corazones como los que dejaron de latir de 1914 a 1918 y de 1939 a 1945. Aunque multiplicado, el sacrificio era un acto individual y no una destrucción en masa: el cuchillo de pedernal sólo mataba a un hombre cada vez.

Sin embargo, más que el número de las víctimas nos interesa el sentido del sacrificio. Ahora bien, por extraño que pueda parecernos, no puede negarse que el sacrificio haya sido casi siempre voluntario o al menos valientemente aceptado. Desde su infancia, el mexicano oía decir que había venido al mundo para dar su corazón y su sangre *intonan intota tlaltecuhtli tonatiuh,* "a nuestra Madre y a nuestro Padre, la tierra y el sol", según la fórmula ritual. Sabe que si muere tranquilamente en su casa, estará destinado a disolverse, devorado en las tenebrosas cuevas del *Mictlan*; y si, por el contrario, muere sacrificado, lo espera una eternidad radiosa, primero, al lado del dios solar, en las filas del resplandeciente cortejo que lo acompaña del Oriente al cenit, y más tarde, reencarnado, bajo la forma graciosa de un colibrí que zumba entre las flores. Cuando joven, en la escuela elemental del *telpochcalli* o en el colegio superior del *calmécac,* escuchaba con respeto a los jefes militares o a los sacerdotes-maestros que le revelaban la verdad escondida bajo las apariencias del mundo: el sol es un dios que se ha sacrificado, que ha querido morir para renacer eternamente. Quienes, sacrificados a su vez, le ofrecen su sangre —"el agua preciosa"— y su corazón, se convierten en sus émulos y sus servidores, en los "acompañantes del águila". ¿Qué otra cosa es Huitzilopochtli, nuestro señor, sino el símbolo del guerrero convertido en dios? Así se iba formando en el alma del joven mexicano un ideal de orgullo sobrehumano, el deseo de superar a la muerte por la voluntad de morir, y la fe en el renacimiento que experimenta quien acepta su propia destrucción. Alistado en sus primeras expediciones, el joven guerrero captura un prisionero al que acompaña al *teocalli* para asistir a su inmolación: en su última hora, cuando sucumbe su enemigo que se ha vuelto para él extrañamente fraternal, es como si él mismo sobrepasara el límite. Llega el día en que el emperador le impone el penacho de caballero águila y le entrega la rodela ornada de plumas, oro y jade. En fin, él es capturado también en un combate, arrastrado, y pronto va a subir los escalones de una aguda pirámide para convertirse a su vez en un dios. . .

Esto explica que los guerreros hechos prisioneros hayan rechazado salvar su vida y hayan exigido la muerte, esto es, la apoteosis —las crónicas indígenas consignan más de un caso semejante—.

Esto explica también el que cada año un joven haya aceptado representar el papel de un príncipe, al que se rodea de todas las delicias antes de perecer en la pirámide de Tezcatlipoca; que las mujeres revestidas de los ornamentos de la diosa madre cantaran y danzaran estoicamente, fingiendo ignorar su destino, hasta el momento en que su cabeza rodaba por las baldosas (porque las mujeres también podían ganar el paraíso); y, en fin, que se haya inventado la Guerra Florida, simulacro de batalla en plena paz, con el único fin de proveer a los altares con víctimas de hecho voluntarias.

Los sentimientos que animan a los actores del drama son exaltación y esperanza, de parte de las víctimas, y certidumbre de realizar un deber cósmico, de parte del sacerdote. Deber cósmico, porque el sol sólo se elevará, la lluvia sólo descenderá de las cumbres de las montañas, el maíz sólo surgirá de la tierra, y el tiempo mismo sólo proseguirá su curso majestuoso si se consuman los sacrificios. Así fue desde el primer día del mundo. La sangre de los hombres es la fuerza vital del sol. "Yo soy el que ha hecho salir al sol", es el grito con que se anuncia Huitzilopochtli en el himno ritual que le está dedicado. Huitzilopochtli es la encarnación del orgullo y de la esperanza de la nación azteca.

EL COLIBRÍ DE LA IZQUIERDA

El gran dios nacional de los aztecas, que sólo les pertenece a ellos y de quien son el pueblo elegido, es el colibrí, *huitzilin*, de la izquierda, *opochtli.* Así lo expresa el lenguaje esotérico del México antiguo. Traduzcámoslo: el "sacrificado resucitado", quien reencarna en el cuerpo frágil y multicolor del colibrí "del lado del Sur", porque los libros sagrados representan al mundo como una cruz, el Este arriba y el Sur a la izquierda. ¡El mediodía! ¡Qué lástima que Claudel blasfeme de este mediodía triunfante y sagrado, del sol del cenit!

Huitzilopochtli es el grande y duro sol de mediodía, y este astro es una reencarnación. Acaso por ello en el *Códice de Florencia,* en un pasaje oscuro, se dice que este dios era "sólo un hombre común, sólo un hombre", *çan maceoalli, çan tlácatl*, un hombre como los otros, en suma; pero al mismo tiempo "un brujo, un presagiador funesto", *naoalli, tetzáuitl*. Como símbolo de la apoteosis, afirma que el hombre puede sobrepasarse. Da la prueba y él mismo *es* la prueba de que el cielo está abierto para el hombre, y de que es un reino prometido a los violentos.

Los orígenes de este gran dios fueron humildes. Tláloc y Quetzalcóatl reinaban desde hacía muchos siglos, desde milenios quizás, en los pueblos del México central, cuando una pequeña tribu inculta y miserable emprendió su lenta migración hacia el Sur, a través de los desiertos de cactus. A la cabeza marchaban los "cargadores de los dioses", sacerdotes-soldados, que llevaban sobre sus espaldas el divino fardo. En las páginas de los manuscritos antiguos se les ve encorvados bajo un tosco bulto del que sobresale una enorme cabeza de colibrí. Huitzilopochtli se les aparecía y les hablaba. En cada etapa expresaba sus oráculos, siempre para decir: ¡más lejos! ¡más lejos! Refiere la tradición que algunos se rebelaron, cansados de servir a este dios perpetuamente insatisfecho, y la tribu se dividió. Pero el núcleo de los fieles permaneció agrupado en torno al extraño pájaro. La marcha duró siglo y medio, peregrinación interrumpida por combates, desilusiones y derrotas, hasta el día en que los errantes se detuvieron finalmente en las ciénagas, en medio del carrizal, allí donde apareció la señal prometida: un águila, posada sobre un nopal, que tenía en su pico una serpiente. Allí se fundó, alrededor de un rudimentario templo de Huitzilopochtli, el poblado lacustre que se convertiría en la ciudad de México.

En la época en que Cristóbal Colón embarca rumbo a lo que él cree la India, Huitzilopochtli es el dios supremo de un imperio. Su *teocalli* domina la ciudad como la ciudad domina el país mexicano. El dios que se transportaba a lomo de hombre, bajo el sol y en medio del polvo del desierto, envuelto en toscos tejidos de fibras, domina ahora en lo alto de una pirámide, y su estatua está cubierta de mantos de plumas resplandecientes. Durante 20 días del año —en el mes Panquetzaliztli—, se suceden en su honor las danzas y los sacrificios, entre nubes de incienso y a la sombra de inmensas banderas de plumas verdes; el emperador, todopoderoso entre los hombres, no es más que su primer servidor. Todo un sacerdocio jerarquizado lo rodea noche y día con ritos minuciosos. El errante de ayer está hoy dotado de una genealogía y un mito: los sacerdotes explican que nació milagrosamente, en la montaña de las serpientes, de una diosa fecundada por un copo de plumas caído del cielo; que apenas nacido debió exterminar a las estrellas del Sur y a la divinidad de la noche. *Sol invictus*, la serpiente de turquesas y fuego que tiene en su diestra derriba a las fuerzas de las tinieblas. Las víctimas son inmoladas frente a él, porque es él quien fabrica continuamente la vida con la muerte.

Sin embargo, en lo alto del templo, como en lo alto del mundo, él no está solo. El santuario que remata la gran pirámide es doble: al lado del *teocalli* en que reside se eleva, con dimensiones iguales, el de otro dios, Tláloc. Y a la cabeza de la Iglesia mexicana hay dos grandes sacerdotes de poder igual: el de Hutzilopochtli y el de Tláloc.

EL HECHICERO DE LA DICHA TRANQUILA

Éste era un dios muy viejo. Su máscara, formada por anillos (serpientes) en torno a los ojos y colmillos de ofidio saliendo de la boca, ornaba vasijas de barro y esculturas en todo México desde hacía mil años. Llamábasele el "Sacerdote"y también el "Príncipe Hechicero". Él era quien convocaba las nubes agitando su sonaja, "la sonaja de brumas". Es preciso haber visto, en México, la llegada de las lluvias después de la estación seca para sentir lo que esta dramática transformación de la naturaleza podía significar para los pueblos sedentarios del altiplano. Las últimas semanas de la sequía son agotadoras, angustiantes: ¿perecerá el maíz que acaba de sembrarse? ¿Todo lo consumirá el fuego que cae del cielo sin nubes? Como por milagro, las cumbres de las montañas se rodean de vapor, luego de bruma, retumba el trueno, cae la lluvia tibia, y brotan las flores. El hechicero Tláloc, una vez más, ha salvado al mundo y a los hombres.

Huitzilopochtli es el dios de los nómadas guerreros y cazadores que vinieron de las estepas desérticas. Tláloc es el dios de los agricultores asentados desde muchos siglos atrás. Uno promete a quienes lo siguen la muerte violenta del sacrificio y la alegría del cortejo solar. Otro ofrece a quienes distingue la eternidad tranquila del *Tlalocan,* lugar cálido y húmedo de la abundancia y de las flores, exuberante jardín bajo las lluvias. La sabiduría mexicana supo hacer la síntesis de los dos sueños, el del guerrero y el del campesino, pues aceptaba que existiera más de un paraíso. Reconocía la complejidad del mundo y lo contradictorio del corazón del hombre, y por ello exaltaba por igual el ideal sangriento de los caballeros destinados al sacrificio, y el tenaz apego de los sedentarios a su tierra y a su perpetua renovación.

Mas esto no es todo, ya que existían aún otros mundos posibles en el universo mental de los antiguos mexicanos, sobre todo el que simboliza la forma ambigua, la historia oscura de la serpiente emplumada.

El héroe de la vida civilizada

Me he referido poco antes a los dos grandes sacerdotes de México. Cada uno de ellos tiene su título personal, pero ambos poseen también un título común: se les llama las "serpientes emplumadas". De esta manera, se perpetúa en ellos, en la cumbre más elevada de la jerarquía espiritual, la gloria de quien fue a la vez sacerdote, rey y dios: Quetzalcóatl, la serpiente revestida de las plumas verdes y doradas del quetzal.

Como sacerdote, durante su aparición en la tierra alcanzó la perfección y queda como modelo. Para imitar su piedad, los sacerdotes mexicanos se imponían austeridades y penitencias, ayunos y vigilias; ofrecían a los dioses su propia sangre y se levantaban a medianoche para irse a bañar, tiritando, en agua helada. La tradición nos describe los oratorios, orientados a los cuatro puntos cardinales, entre los que dividía su vida de oración y recogimiento. Y se hablará de él como del modelo consumado de sabiduría religiosa.

Como rey fue el soberano de los toltecas. En su ciudad de Tula, de edificios de sueño hechos de metales preciosos, conchas resplandecientes y plumas multicolores, la abundancia y el lujo se dilataban en torno suyo.

Los toltecas, sus vasallos, eran muy diestros. Cincelaban el jade y fundían el oro. Todas las artes y toda la sabiduría provenían de Quetzalcóatl. Allá [en Tula] él había construido su casa de jade, su casa de oro, su casa de coral, su casa de conchas, su palacio de turquesas y de plumas preciosas... Las mazorcas de maíz eran tan grandes que se llevaban abrazadas. El algodón crecía ya teñido —rojo brillante, amarillo, rosado, violeta, verde, azul... y había en Tula pájaros de todas las especies, de plumaje precioso y que cantaban melodiosamente... y los toltecas nunca carecían de nada.

Así se expresa la tradición. Fue Quetzalcóatl quien inventó la cuenta del tiempo —la compleja y precisa cronología de los antiguos mexicanos—, los jeroglifos y todas las artes que embellecen la vida. En el siglo XVI, la palabra *toltécatl*, tolteca, se había vuelto sinónimo, en la lengua azteca, de artista. La época fabulosa en que Quetzalcóatl reinó sobre Tula fue la edad de oro de la civilización.

Ahora bien, todas las tradiciones concuerdan en este punto: Quetzalcóatl, gran sacerdote y rey de Tula, no aceptó nunca los sacrificios humanos. Ofrecía a los dioses su propia sangre y la de los pájaros, pero nunca mató a un hombre frente a los altares. Y ello determinó su caída.

Porque esta edad de oro, como todas las edades de oro, tuvo su fin. Brujos de otros países —encabezados por Titlacauan-Tezcatlipoca, el dios del cielo nocturno, de la Osa Mayor, de las hechicerías y de las tinieblas— llegaron a Tula y su magia negra venció al rey sacerdote que rechazaba matar hombres como ofrenda a las divinidades. Comprendiendo que llegaba para él la decadencia, Quetzalcóatl abandonó llorando a su pueblo. Los pájaros tornasolados volaron de la ciudad. Desaparecieron las plantas multicolores. El rey desposeído inició el largo camino del exilio, a través del altiplano central, y descendió luego hacia el sudeste por las pendientes de las montañas, en busca del "agua divina", es decir, del mar. Dos tradiciones distintas describen su partida: según una, dispuso al borde del océano una hoguera sobre la que se echó, y pudo verse su corazón salir de las llamas en forma de una estrella luminosa; la otra tradición refiere que encontró en la playa una extraña balsa tejida de serpientes, y en cuanto subió a ella, la balsa se alejó de la costa para desaparecer para siempre en dirección del Este, del "país rojo" de Tlapallan. En uno y otro caso, sin duda alguna, el rey Quetzalcóatl se convirtió en dios. Y los mexicanos del siglo XVI lo adoraban como dios, ¡en qué desconcertante variedad de formas y atributos! Ehécatl es el dios del viento bienhechor que "barre los caminos frente a los dioses de la lluvia". Nanahuatzin, el que en los orígenes del mundo se sacrificó lanzándose a un brasero para dar nacimiento al sol. Xólotl, ser ambiguo a la vez hombre y perro, el que desafía las tinieblas del infierno para arrebatar de la nada los huesos de los muertos y formar con ellos hombres nuevos. Tlahuizcalpantecuhtli, el "Señor de la Casa Roja de la Aurora", es el planeta Venus, estrella de la mañana y de la tarde, símbolo de la resurrección. Ce-Ácatl lleva, arriba de su tocado de serpiente del que salen largas plumas, el glifo del año fatídico en cuyo curso abandonó México, y bajo el signo del cual volverá. Yacatecuhtli, el "Señor que Camina a la Vanguardia", guía a través de las montañas y selvas a las caravanas audaces que van en busca del ámbar, el jade, las turquesas y el oro. Con el nombre de Quetzalcóatl, simboliza las fuerzas positivas de la naturaleza y del hombre, la acción benéfica del emperador y el esplendor de las artes. Sacerdote, rey y dios, es sobre todo el héroe de la vida, y de la vida civilizada.

Para quienes buscamos en los vestigios dejados por los hombres del pasado el sentido de los pensamientos profundos, la historia y el mito de la serpiente emplumada se velan por contradicciones y oscuridades que aumentan a medida que crece nuestro conocimiento. La serpiente emplumada aparece desde la época clásica maya del sur —del tercero al décimo siglo de nuestra era— en los admirables bajorrelieves de las ciudades sepultadas, particularmente en Yaxchilán. Del sexto a quizás el octavo siglo, su cuerpo

y su cabeza decoran los monumentos de Teotihuacán, en el altiplano central, y de Xochicalco, en la vertiente del Pacífico. Todo
esto sólo señalaría un mito y su difusión. Mucho más perturba-
dor, en cambio, es el hecho, cada vez menos discutible, de que
Quetzalcóatl, el gran rey, existió. Las exploraciones de Tula han
revelado sus palacios, con columnas en forma de serpientes tales
como las describe la tradición. En Yucatán fue un gobernante civilizado, designado en maya con un nombre que significa serpiente emplumada, que hacia el año 1000 vino a presidir el brillante
renacimiento de Chichén Itzá, Mayapán y Uxmal. Las tradiciones no habían mentido: Quetzalcóatl sólo aparece en la historia para hacer revivir, para crear la belleza y la paz. Su interven-
ción en Yucatán dio dos siglos luminosos al mundo maya.

   ¿Será necesario, acaso, aceptar que un hombre excepcional, un
conductor de pueblos, un creador de civilización, tomó el nombre
de un dios adorado desde siglos atrás, y se identificó con él en la
memoria de los hombres agradecidos? En todo caso, lo que hay de
mejor en un pueblo, el más alto deseo de perfección, la voluntad
más serena, nunca han encarnado en una figura más digna de
respeto que la de este hombre-dios, poderoso emperador humilde
frente al destino, sacerdote puro, estrella de esperanza.

   Los españoles de la época cortesiana sintieron que estaban
frente a algo grande cuando se acercaron a Quetzalcóatl. ¿No debieron ellos mismos la recepción que les fue concedida a su llegada al hecho de que el año 1519 de nuestro sistema llevaba el signo
ce-ácatl, el glifo del regreso de la "Serpiente Emplumada"? Llegaban del Este, de Tlapallan, por el mismo mar en que Quetzalcóatl había desaparecido, tras el mismo horizonte. Aparecían bajo el signo calendárico del dios-héroe. Eran blancos, como lo había
sido Quetzalcóatl, enamorado de la blancura. Enarbolaban una
cruz, y el vestido de Quetzalcóatl estaba sembrado de cruces, símbolo de las cuatro direcciones del mundo. También el piadoso emperador Moctezuma creyó durante mucho tiempo que trataba con dioses, aunque es verdad que los mismos conquistadores se encargaron
de desengañarlo, pues su comportamiento los reveló "humanos".
Pero fue mucho lo que debieron a Quetzalcóatl.

Más tarde, cuando algunos españoles se interesaron en la religión del mundo que acababan de ocupar, comprendieron que este dios no merecía las mismas condenas que los demás. Puede percibirse que Sahagún no puede englobarlo en la misma reprobación que a los dioses sangrientos. Sin embargo, se siente obligado a rechazarlo, porque si no. . . Entonces, como de mala gana, lo acusa de haber sido no un demonio sino "un amigo de los demonios", y a causa de esta amalgama lo considera destinado, como los otros, al infierno. Pero no puede dejar de pensarse que, en su fuero interno, el buen padre hubiera preferido darle un trato especial.

Claudel no parece haber experimentado los mismos escrúpulos. Destina alegremente a su gran caldera —que no es azteca— a Quetzalcóatl junto a Huitzilopochtli. Además, quiere ridiculizarlo. Confieso que la "lentitud repugnante" de Quetzalcóatl me oprime el corazón. Estas cuatro sílabas musicales han resumido durante siglos lo que había de más noble en el alma de numerosos pueblos. No las profanemos. Nuestro pobre mundo, que se cree civilizado y se hunde en sus odios y sus fealdades, ¡cuánto necesitaría un Quetzalcóatl!

Todas las locuras y todas las corduras

He expuesto hasta aquí lo concerniente a los dioses mexicanos señalados expresamente por Claudel: Huitzilopochtli, Tláloc y Quetzalcóatl, tres señores de primera importancia. Pero había muchos más. Y solamente para que se entrevea al menos la multitud divina que gravita alrededor de ellos, en la que nuestro poeta los ha ido a buscar para atacarlos, invoquémoslos:

Los pequeños dioses sonrientes de la embriaguez, los "Conejos"; los pequeños dioses benéficos de la lluvia y la abundancia, las "Montañas"; "La que Lleva un Faldellín de Piedras Preciosas", diosa del agua dulce, y la "Señora de la Sal", diosa del agua marina.

El "Príncipe de las Flores" y la "Flor-Pluma de Quetzal", dios y diosa de los juegos, la danza y el amor, de la juventud y la primavera; y la sombría Tlazoltéotl, *Venus impúdica*, quien no obstante presidía la confesión y liberaba a las almas de sus pecados.

Las diosas madres de numerosos nombres: "Nuestra Abuela", "Mariposa de Obsidiana", "Serpiente-mujer", "Madre de los Dioses", fuentes de la vida y de la muerte, benéficas y terribles, con tocados de plumas de águila y pintadas con sangre de serpiente. El "Señor de la Turquesa", viejo dios del fuego y del sol, padre eterno y consorte de la tierra-madre, a quien los guerreros adoraban bajo la forma de una mariposa en llamas.

El dios del maíz, Centéotl, y la venerable "Siete Serpiente", a quien las muchachas traían como ofrenda manojos de mazorcas de maíz adornados con cintas.

Xipe Tótec, el sangrante dios de los orfebres y de la lluvia primaveral, revestido con las pieles de las víctimas desolladas; llamábasele el "Bebedor Nocturno" porque la lluvia que cae por la noche fecunda la tierra y la cubre de una nueva piel al despertar.

Y Tezcatlipoca, el hechicero negro de la Osa Mayor y también protector de los jóvenes, él mismo eternamente joven; y el "Señor de la Dualidad" con la "Señora de la Dualidad", impasibles e inmóviles en la cúspide del mundo, "allá donde el aire es muy frío, sutil y helado", pareja primordial de la que todo proviene; y aun la inconocible "causa de todas las cosas", dios sin rostro al que celebraba en Tezcoco, en el signo 15, el rey filósofo Nezahualcóyotl.

No había ningún límite en este océano de formas divinas. Todo tenía derecho a la adoración de los mexicanos: los dioses de las corporaciones, de los pueblos y de las ciudades que pertenecían al imperio; los dioses de los vecinos y los que se capturaban en los adoratorios de los templos incendiados; los dioses de los planetas que observaban con ojos adiestrados los sacerdotes-astrónomos de Teotitlán. El drama de 1519 fue el choque de una religión abierta contra una religión cerrada, de una religión que no excluía nada contra una religión que, salvo ella misma, excluía todo. La idea de que para rendir culto a un dios era necesario destruir a los otros, era *incomprensible* para los aztecas: de ahí el estupor cuando, después de haber acogido la cruz española en su *teocalli*, oyeron a los recién venidos exigir que se derrumbara a sus ídolos. La religión mexicana era un mundo sublimado en el que se reflejaba el conjunto del universo: lo fasto y lo nefasto, la felicidad y la desgracia, la vida y la muerte y, en suma, la totalidad del hombre: la aspiración hacia lo mejor y la atracción de la destrucción, la esperanza de la eternidad y el vértigo de la nada.

Para los antiguos mexicanos el mundo era una decoración, un telón irisado siempre a punto de desvanecerse como un sueño. Ya habían perecido cuatro mundos, y el quinto, el nuestro, se desgarraría un día como un velo. En este universo frágil y siempre amenazado, el curso imperturbable del tiempo, día tras día, nos depara el matiz feliz, desdichado o indiferente de los signos que rigen el destino. ¿Y el hombre? Efímero dentro de lo efímero, el hombre realiza brevemente su combate. Bajo el imperio todopoderoso de los signos, poco es lo que depende de él. Pero existen los dioses, y hay dioses para todos y para cada uno, para todas las virtudes y para todos los pecados, para todo lo que eleva y para todo lo que rebaja, para la guerra y para la labranza, para todas las locuras y para todas las corduras. Hay muchos paraísos para los bienaventurados, y para los demás, la esperanza de un aniquilamiento tranquilo.

De esta manera, los hombres de este tiempo y este país encontraban en estas múltiples fuentes la fuerza para ser hombres y para vivir su vida. Ésa fue *su* respuesta a una interrogación eterna.

EL SOL YA HABÍA SALIDO, SEÑOR CRISTÓBAL COLÓN

"El primer rayo de sol va a alcanzarla [se trata de América] y restituirla a la humanidad", declara el expositor, quien habla también de la "larga noche anterior al nacimiento" en que estaba hundido el continente rojo antes de su descubrimiento por los europeos.

—¡Un momento, señor Cristóbal Colón! Hay un error. El sol ya había salido desde hacía mucho tiempo.

Diga que no sabía que este continente existiera. Diga que Europa ignoraba que, más allá del océano, existían tierras inmensas, con sus Estados, sus ciudades, sus artes y sus dioses. ¿Pero todo esto era nada sólo porque *sus* ojos no lo habían contemplado? Extraña ilusión, en verdad. Irresistiblemente hace recordar la de aquel reyezuelo miserable del Asia Central que, después de haber tomado su pobre comida de leche cuajada bajo su tienda de fieltro, por medio de un heraldo se dignaba autorizar a comer a todos los reyes y príncipes del mundo. ¿Sólo había habido belleza y verdad entre los cuatro muros de nuestra pequeña casa familiar?

¿Por qué no aceptar la evidencia? Mucho antes de Colón — cuya hazaña sólo significó para el Nuevo Mundo, durante largo tiempo, la destrucción de todos los valores que se habían creado—, los hombres de América, y especialmente los de México, habían hecho múltiples búsquedas y logrado algunos encuentros, al igual que nosotros. Para desbrozar, se habían ensangrentado las manos con las espinas y los pies con las piedras de los caminos, como nosotros. Habían construido palacios y templos, observado los astros y escrito libros. Valerosamente habían representado su papel en la escena que les estaba asignada, al lado de los demás. Habían sufrido como los demás y habían tratado como los demás de dominar su sufrimiento. Aunque ignorada por nosotros, su aventura fue, como la nuestra, una parte de la aventura humana.

Aún más: si imaginamos a un observador sobrehumano que, en determinados momentos de la historia, abarcara de una sola mirada las dos orillas del Atlántico, ¿dónde habría visto surgir la luz y dónde espesarse las tinieblas? Entre 600 y 800, por ejemplo, ¿cuál era el centro cultural más brillante? ¿Era nuestro pobre Occidente, agotado por las invasiones bárbaras y ocupado en rumiar débilmente los últimos restos de la gran fiesta antigua, o el rico y luminoso México, cubierto de parte a parte por una capa de piedras esculpidas, de Teotihuacán a Monte Albán y de Palenque a Copán? La balanza de la civilización se inclinaba entonces hacia la tierra de Quetzalcóatl.

Las civilizaciones se elevan y caen como las olas del mar. Reconozcamos, pues, de buena fe que en la cresta de algunas olas, una espuma resplandeciente traza en el aire el nombre de los antiguos hombres y los antiguos dioses de América. Negarlo sería, de nuestra parte, presunción pura.

"Ese mundo que yo he sacado de la nada", dice también Cristóbal Colón en la voz de Paul Claudel. ¿De la nada? ¿Eran acaso nada los milenios de cultura, el orden y la prosperidad arrancados poco a poco a la naturaleza, las esculturas exquisitas de Copán y de Palenque, los frescos de Monte Albán, de Tizatlán y de Bonampak, los jeroglifos sabios de los mayas, la sabiduría de un Nezahualcóyotl y la grandeza de un Ahuízotl? Y toda la obra realizada por el hombre americano, desde la época en que erraba a través del continente desierto, semidesnudo, disputando su alimento a las bestias, hasta el momento en que su vida pudo ensancharse en medio de las creaciones de su espíritu y de sus manos, toda esa obra del hombre americano es inseparable de los dioses en que creía.

—Pero, ¿están muertos esos dioses, se hallan acaso vencidos? Es posible. Sin embargo, visitad las cumbres de algunas montañas de México y encontraréis ofrendas recientes. . . Tláloc era ya viejo durante el imperio de Tiberio César, cuando Poncio Pilato gobernaba Judea. Olvidémoslo. Es cierto que muchos dioses han muerto ya en la tierra, y en realidad, en muy poco tiempo: todos los de Egipto, de Fenicia, de Grecia y los del imperio romano. Es un destino, ¡ay!, que puede acontecer a muchos otros. Cada vez que un dios muera guardemos silencio: un poco del hombre ha sido herido o va a serlo, porque ha caído una pieza de su armadura.

Puede soñarse un universo en el que cada pueblo y cada ciudad hubieran permanecido protegidos por sus dioses; en donde sus pirámides, sus pagodas, sus campanarios hubieran montado guardia juntos en torno al hombre; en donde sus manos blancas, morenas o negras hubieran formado una cadena en torno a nosotros, hijos suyos. Si es cierto que el incienso no humea ya por Quetzalcóatl, reconozcamos en ello la fuerza del destino que ha hecho mortales a las civilizaciones, y también a sus dioses. Pero en ello no hay nada de qué alegrarse. Sobre todo, no hay motivo para sarcasmos o calumnias póstumas. Se trata de grandes muertos.

¡Cuán dura e incierta es la marcha de la humanidad en los pocos milenios de que tenemos conocimiento! La vanidad del hombre europeo, su ingenua seguridad, quisieran que toda esta aventura sólo tuviera sentido gracias a él. Sin embargo, nos encontramos ya en una época en que esta ilusión de la ignorancia y del orgullo debe ceder a una visión ecléctica de las cosas. Desde el punto de vista de nuestro relativismo, la historia humana se presenta en su diversidad real. Pekín y Teotihuacán, la India y Grecia, Roma y Cuzco sólo son puntos de referencia. Y en esta perspectiva, el "descubrimiento" de América, a pesar de sus inmensas consecuencias, sólo es un incidente que, en todo caso, no entraña ninguna virtud particular. Imaginar que este descubrimiento ha señalado una etapa en un devenir cósmico predeterminado equivale a compartir, bajo otra forma, el error del científico del siglo XIX, que creía firmemente que toda la evolución humana remataba en él mismo y en sus semejantes, en el capitalismo liberal y en los ferrocarriles.

Todo cuanto podemos comprobar es que, en el curso del tiempo, de tarde en tarde, y separadas por vastos espacios y largos periodos, surgen en nuestra tierra civilizaciones que duran algunas centenas o algunos millares de años. ¡En los trescientos mil años, aproximadamente, en que existen hombres, la era de las civilizaciones conocidas ocupa apenas siete u ocho mil, y con cuántas interrupciones, lagunas y retrocesos! Cada una de ellas ha seguido a sus dioses. Creo que el deber de cada hombre es respetar todos los esfuerzos que otros hombres han realizado para ponerse de acuerdo con el mundo y darle una forma a su vida.

Indudablemente, a los europeos nos es difícil abstraernos de los marcos históricos de nuestro pensamiento, como es difícil para el observador terrestre abstraerse del movimiento de nuestro planeta cuando estudia el curso de los astros. ¿Cómo imaginar, esto es, revivir en nosotros mismos, lo que henchía el alma de un mexicano prosternado frente a la "Serpiente Emplumada", u ofreciendo su pecho al cuchillo del sacrificador en la pirámide de Huitzilopochtli?

Pero lo que no puede negarse es que, durante siglos, los sonidos y las imágenes que designaban y representaban esos dioses han servido de apoyos, de puntos de cristalización, a inmensas esperanzas, furores místicos, voluntades de renovación y profundos apaciguamientos. ¡Cuántos hombres semejantes a nosotros han luchado contra la nada con sus imágenes en el corazón, y cuántos han muerto con esos nombres sagrados en los labios! Esos dioses han sido consolación para los dolientes, bandera para los guerreros y diadema para los emperadores.

Respetémoslos. Su paso por la tierra no ha sido en vano.

II. EL ESTADO MEXICANO Y LA RELIGIÓN

QUE EN la época del descubrimiento de México la sociedad azteca parezca intensamente religiosa, que toda la vida pública y privada se muestre invadida, digámoslo así, por los ritos y dominada por las creencias, es algo evidente para quienquiera que esté un tanto familiarizado con los documentos y los testimonios de la época. Pero, ¿cuál era precisamente el lugar de la religión y de sus ministros en la jerarquía de los poderes? ¿En qué medida se confundía la función sacerdotal con la del gobierno y la gestión de la ciudad? ¿Puede llamarse teocracia al régimen del México antiguo? Para contestar a esas preguntas no es inútil remontarse, primero, a México-Tenochtitlán.

LA TRIBU AZTECA DURANTE LA MIGRACIÓN

La historia tradicional de los mexicanos nos indica que la tribu azteca, habiendo partido de un punto situado en algún lugar del Norte —una isla en mitad de un lago, llamada Aztlán— en la segunda mitad del siglo XII, requirió cerca de un siglo y medio para llegar al centro de México e instalarse allí en medio de las lagunas y los pantanos de la mesa central.

Por supuesto, no hay que representarse esta peregrinación como un desplazamiento ininterrumpido. La tribu se detenía un año en ciertos lugares, en ocasiones varios años, sembraba y cosechaba su maíz; al salir de las estepas desérticas del Norte, entró en contacto con pueblos de avanzada civilización, los nahuas de Tula y los de las ciudades lacustres. Sin embargo, es probable que durante toda esta fase de su historia, ni su modo de vida ni su organización social y política sufrieran alguna alteración considerable.

Los aztecas de este periodo arcaico no se distinguen apenas de la masa de las tribus llamadas "chichimecas", es decir, "bárbaras" que hasta el siglo XVIII poblaron todo el norte de México. Esos chichimecas eran a las civilizaciones del centro de México poco más o menos lo que los celtas y los germanos fueron a las ciudades mediterráneas de la Antigüedad clásica. Las estepas septentrionales desempeñaron el papel de reserva de pueblos que se precipitaban sobre el centro del país en cuanto se debilitaban las grandes civilizaciones.

Esos pueblos bárbaros se caracterizaban por su género de vida: cazadores y guerreros nómadas, sólo practicaban la agricultura en las zonas en que la habían aprendido al contacto con los sedentarios, tarascos, otomíes o nahuas. No sabiendo tejer, se vestían con pieles de animales; a veces edificaban chozas, pero sobre todo se abrigaban en cavernas. Además de la caza, practicaban la recolección de frutos silvestres (en especial los frutos del *mézquitl*, una mimosácea espinosa), de raíces y de setas, y recogían toda clase de pequeñas alimañas o insectos. Su religión no incluía ritos agrarios, pero otorgaba un lugar importante a los dioses de la caza y de la guerra, muy a menudo identificados con los astros: el Sol, Venus, la Vía Láctea. Su organización social nos es casi desconocida: sólo sabemos que llevaban su existencia nómada por grupos, al mando de unos jefes, algunos de los cuales, como el semimítico Xólotl, a veces podían extender su autoridad sobre todo un conjunto de tribus, al menos en lo tocante a la guerra y la conquista.

Los aztecas bárbaros *(azteca chichimeca)* de la migración no eran entonces más que una tribu entre otras, errante en las soledades desoladas de la "llanura divina" *(teotlalli:* así se llamaba a las estepas de cactos del Norte). Más tarde, convertidos en herederos de las brillantes civilizaciones del México central y en señores de un vasto imperio, conservarían la pasión por el combate, el culto a los dioses de la caza y a los astros, el concepto de un jefe de guerra que mandaba a tribus confederadas y, en un dominio más humilde, el gusto por alimentos como las plantas silvestres *(quílitl)* y los insectos, placer ya no impuesto por la pobreza.

La tribu azteca en migración estaba compuesta por varias fracciones, de las que sólo conocemos el nombre reciente: *calpulli.*

Como este término designa "un grupo de casas", puede suponerse que sólo empezó a ser empleado después de la instalación de los aztecas en el altiplano central y su conversión a la vida urbana, o al menos después de sus primeros contactos con los agricultores sedentarios. ¿Cuál era el número de esas fracciones? Conocemos el nombre de siete *calpulli* antiguos, y el cronista autóctono Tezozómoc enumera 15. Tal parece que, a continuación, ese número aumentó de manera considerable. No cabe duda de que cada fracción tenía su jefe —el *calpullec* de la época clásica—, elegido o, antes bien, designado por los jefes de familia, y ayudado por un consejo de ancianos.

Pero, ¿existía un poder tribal de conjunto que "coronara" las fracciones? Las crónicas y los manuscritos indígenas mencionan a jefes y notables, pero no a *un solo* jefe. La monarquía, que después será tan brillante y poderosa en México, aún no ha aparecido. Cada fracción debía ser autónoma bajo el mando de su propio jefe y de su consejo. Tal vez los representantes de las diversas fracciones deliberaban reunidos en ocasión de las decisiones importantes, lo que prefiguraría el "gran consejo" de la época imperial.

Sin embargo, la tribu, en su larga migración, no dejó de ser guiada. Se tomaban decisiones, se daban órdenes: había que escoger las etapas, fijar la fecha de una nueva partida. En este escalón y para estos fines, había una especie de gobierno tribal: era el de los sacerdotes o, antes bien, si queremos colocarnos en el interior de las creencias aztecas, era el gobierno de un dios ejercido por sus delegados, los sacerdotes. En efecto, durante todo este periodo fue Huitzilopochtli, el gran dios solar y guerrero, encarnación del sol de mediodía y de los combatientes resucitados, el que, supuestamente, tomó las decisiones más importantes y las dio a conocer por boca de los sacerdotes.

Los manuscritos aztecas, como por ejemplo el *Códice Azcatitlán*, representan a los sacerdotes durante la "larga marcha" en su papel de "portadores de dios" *(teomamaque)*. Sobre su espalda, sostenido por la correa frontal utilizada desde antiguo por los indios mexicanos, está representado un fardo del que sale el pico de un colibrí, el *huitzilin*, símbolo de Huitzilopochtli. Es probable que los aztecas de la migración no esculpieran estatuas de piedra. La imagen del dios debió haber sido una especie de muñeco ligero hecho de tallos de plantas recubiertos de paños; quizás el propio fardo sagrado no contuviera, bajo varias capas de tejidos, más que algunos objetos simbólicos: el cronista Pomar menciona, en la época de la conquista española, unos paquetes sagrados que contenían espinas de maguey correspondientes a Huitzilopochtli, o un espejo, símbolo de Tezcatlipoca. Esos paquetes, que traen a la memoria los *medicine bundles* de los indios de la América del Norte, eran conocidos entre los aztecas con el nombre de *tlaquimilolli.* A principios del siglo XVI, el tesorero de la Iglesia mexicana, responsable de enormes riquezas en terrenos, edificios, ropajes, muebles, objetos de culto y mercancías de toda índole, llevaba el título de "Señor de los Tlaquimilolli".

El *Códice Azcatitlán* nos muestra que dos divinidades eran transportadas así por sus sacerdotes durante la migración: Huitzilopochtli y Tezcatlipoca. Este último, sombrío dios del cielo nocturno, de las tinieblas y del viento de la noche, también era el protector de los jóvenes guerreros. En el siglo XVI llegaría a ser el testigo invisible y omnipotente de las acciones, de los pensamientos y de las confesiones, así como el protector de los emperadores. Pero durante el periodo arcaico no parece haber influido directamente sobre las decisiones de la tribu. En cambio, Huitzilopochtli sí intervenía frecuentemente por medio de sus oráculos. Más a menudo por la noche, algunas veces de día, se dejaba oír su voz; llamaba a sus sacerdotes, les daba órdenes.

Fue así como se fundó Tenochtitlán, que en menos de dos siglos llegaría a ser la poderosa capital, la ciudad de México. Un primer oráculo del dios había anunciado a los "ancianos" de la tribu que encontrarían en algún lugar, "en medio de los juncos y de las cañas", *intollihtic inacaihtic,* en las marismas, un sauce, una rana y un pez blancos (la blancura estaba ligada al nombre de Aztlán, patria mítica de los aztecas). Cuando los ancianos hubieron encontrado esas señales, durante la noche Huitzilopochtli llamó al sacerdote Cuauhcóatl y le ordenó ir en busca de un "cacto *tenochtli* sobre el cual estará posada alegremente un águila... allí será nuestra ciudad México-Tenochtitlán, allí donde el águila lanza su grito, abre las alas y come... allí donde la serpiente es devorada".

Siguiendo a Cuauhcóatl, los mexicanos se pusieron a buscar entre los matorrales de juncos y de plantas acuáticas hasta el momento en que, "al borde de una caverna, vieron al águila posada sobre un cacto, devorando alegremente". Y de nuevo resonó la voz de Huitzilopochtli, gritando: "¡Oh mexicanos! ¡Aquí es!"

Por las escasas indicaciones que nos dan los documentos sobre este periodo antiguo, al parecer podemos deducir que el modo de gobierno de los aztecas era, a la sazón, una democracia tribal rematada por una teocracia: para cada fracción, un jefe elegido por su consejo; para el conjunto de la tribu, los viejos o "ancianos" *(huehuetque)*, guiados por los sacerdotes, o sacerdotes ellos mismos; en la cúspide, el propio dios, gobernando por los oráculos que hacía oír a sus servidores.

El término de "teocracia" se aplica aquí de manera particularmente exacta, puesto que el jefe de la tribu no es un hombre, sino el dios en persona.

No es imposible que Huitzilopochtli fuera en su origen un hombre, acaso un sacerdote, divinizado después e identificado con uno de los aspectos del sol: eso explicaría la extraña afirmación de los informantes aztecas de Sahagún, según la cual Huitzilopochtli "*çan maceoalli, çan tlácatl catca, naoalli, tetzáuitl*"; era "sólo un hombre común, sólo un hombre", pero al mismo tiempo "un brujo, un presagiador funesto".

LA MONARQUÍA Y LA JERARQUÍA RELIGIOSA EN MÉXICO

En la época en que los españoles llegaron a México, el Estado azteca propiamente dicho y las ciudades confederadas eran gobernados por unos monarcas, el más poderoso de los cuales era el de México-Tenochtitlán. Lo que nosotros llamamos, con mayor o menor exactitud, el "imperio" azteca se había constituido recientemente, en menos de un siglo, surgiendo, gracias a la guerra y a la diplomacia, de una situación confusa en que todo el centro del país estaba dividido en numerosos pequeños Estados independientes, a la manera de las ciudades griegas antiguas. Cada uno de esos Estados presentaba la misma estructura de gobierno: un monarca, ayudado por uno o a veces varios consejos, y rodeado de dignatarios investidos de funciones militares o administrativas.

Antes de la llegada de los aztecas, esos Estados-ciudades podían dividirse, *grosso modo,* en dos categorías: por una parte, los que habían sobrevivido al desplome de la civilización tolteca, como Xochimilco y Culhuacán, y habían conservado lo esencial de las tradiciones de esta cultura; por otra parte, los que habían sido fundados por las tribus victoriosas llegadas del Norte, como Azcapotzalco y Tezcoco. Entre los primeros, la institución monárquica procedía, por una tradición ininterrumpida, al menos en principio, de la monarquía tolteca, cuyo prestigio legendario reflejaba aún, mientras que entre los segundos era testimonio de un proceso de "toltequización" de los bárbaros al contacto con los vestigios de la alta civilización precedente. A este respecto, la historia de Tezcoco es típica: fundada por el jefe chichimeca Xólotl, la dinastía evolucionó en menos de 200 años con tal rapidez que, desde el siglo XV, el rey de Tezcoco, Nezahualcóyotl, podía ser considerado como el representante de la civilización mexicana más clásica, y su ciudad como una especie de Atenas del nuevo continente.

El concepto tolteca de la monarquía estaba fuertemente imbuido de religión: el rey tolteca por excelencia, Quetzalcóatl, ¿no era un gran sacerdote, taumaturgo, héroe civilizador, un dios, en fin, la "Serpiente Emplumada"? Entre los bárbaros era, al contrario, el aspecto militar el que predominaba: el rey era el guía de la tribu nómada, el jefe de los guerreros. La monarquía mexicana de la época histórica evoca una especie de conciliación entre esos dos conceptos.

Desde su primer contacto con las avanzadas culturas del altiplano central, los aztecas habían querido imitar a los Estados en medio de los cuales se encontraban, dándose un rey, Huitzilíhuitl el Viejo. Esta tentativa terminó trágicamente, al ser aplastada la

joven monarquía y muerto Huitzilíhuitl. Cuando, en 1375, los aztecas decidieron retomar aquel ensayo abortado, trataron de
"cubrirse" invocando la gran tradición tolteca: escogieron para
soberano a Acamapichtli, al que unas genealogías acaso compla-
cientes hacían descender de la dinastía de Culhuacán, la que, supuestamente, a su vez descendía de la de Tula, y por tanto del
propio Quetzalcóatl.

El emperador mexicano, en el apogeo de la civilización azteca,
es un personaje casi divino y rodeado de un aura religiosa. Cuando muere, sus despojos, revestidos de los ornamentos de Quetzalcóatl, son incinerados de manera que vaya a reunirse en el otro
mundo con su ilustre antepasado. Se consideraba que su elección
(el emperador era elegido por un "colegio" de dignatarios militares, civiles y religiosos) expresaba la voluntad de los dioses,
en particular la de Tezcatlipoca. Juraba "defender el templo de
Huitzilopochtli", y una de sus misiones principales consistía en
agrandar y embellecer ese templo y en sacrificar prisioneros en él.
En 1487, Ahuízotl presidió las ceremonias de inauguración del
gran *teocalli,* no sin sacrificar personalmente a muchos cautivos;
Cortés y sus conquistadores vieron con horror al emperador Moctezuma II oficiar ante un santuario con paredes salpicadas de
sangre. En el curso del año, el soberano tomaba parte en diversas
ceremonias religiosas y en las danzas rituales por las que los creyentes "adquirían méritos a los ojos de los dioses"

Sin embargo, ¿puede decirse que el propio emperador fuera un
sacerdote, un miembro de la clase sacerdotal, o mejor dicho de la
subclase sacerdotal que, con los dignatarios militares y civiles,
formaba parte de la clase dirigente? Hemos de responder negati-
vamente. Sus títulos oficiales son significativos: llevaba el de *tlatoani,* "el orador" (de *tlatoa,* hablar, raíz que también expresa la
idea de "mando"), y el de *tlacatecuhtli,* "jefe de los guerreros"
"Hablaba", es decir, exponía en consejo las decisiones que había
que tomar, y mandaba el ejército. Jefe político y militar, ciertamente debía de cumplir —como, por otra parte, todo el mundo
en una sociedad intensamente religiosa— con obligaciones rituales múltiples, pero él mismo no era un sacerdote.

Consideremos, por otra parte, a quienes lo rodean: a su lado están los dignatarios militares, tales como el *tlacatéccatl* ("el que manda a los guerreros") y el *tlacochcálcatl* ("jefe de los depósitos de armas"), y los funcionarios civiles y administrativos, como el *huey calpixqui* ("gran mayordomo", ministro de finanzas), quien pone en acción directamente la jerarquía judicial. Pero los dos sumos sacerdotes de México, el de Huitzilopochtli y el de Tláloc, que reinan conjuntamente sobre la Iglesia mexicana, no dependen de él, como tampoco el *Mexícatl teohuatzin,* especie de vicario general. No cabe duda de que esos personajes venerados (sobre todo los dos primeros, que llevan el título de "Serpientes Emplumadas") se cuentan entre los miembros más elevados de la clase dirigente: a menudo existen entre ellos y el soberano relaciones de parentesco. Pero no le dan órdenes, ni las reciben de él. Se comprueba así la existencia de dos jerarquías paralelas: la del Estado, que va del *tlatoani* al *calpullec* o pequeño jefe de fracción local, y la de la Iglesia, que va de los dos sumos sacerdotes al *cuacuilli* o "cura" de barrio. Huelga decir que el emperador, llegado el caso, tenía influencia sobre los jefes religiosos, y que estos últimos podían aconsejar al soberano, tanto más cuanto que éste siempre era creyente y practicante. Pero se trata sin duda de dos jerarquías separadas: la confusión de los poderes entre las manos de los "portadores de dios" de la época arcaica ya ha desaparecido.

Como quiera que sea, hay que detenerse un instante en el título y las funciones de un dignatario muy importante, verdadero vice-emperador que, a partir del reinado de Moctezuma I (1440-1469), desempeña un papel capital al lado del soberano. Es el *cihuacóatl.* Su título significa literalmente "mujer serpiente", y es el nombre de una de las grandes diosas madres. Es probable que los aztecas hayan tomado esta institución de ciudades más antiguas como Xochimilco y Culhuacán, y que en sus orígenes el *cihuacóatl* no fuera más que el sumo sacerdote de la diosa cuyo nombre llevaba, según el uso constante en México. Lo seguro es que el *cihuacóatl,* en la época histórica, estaba investido de funciones militares, civiles y judiciales, pero no religiosas.

Por tanto, si las dos jerarquías eran paralelas, entre ellas pueden observarse, empero, nexos institucionales. Un dignatario con título significativo, el "sacerdote-señor" *(tecuhtlamacazqui)*, desempeñaba el papel de representante permanente de los jefes religiosos ante el soberano. Por otra parte, los sacerdotes de rango superior formaban parte del *Tlatocan*, gran consejo presidido por el emperador o, en su ausencia, por el *cihuacóatl*, y en el cual se discutían las decisiones importantes. También eran miembros del colegio electoral que designaba al soberano; sin embargo, sólo formaban una minoría. Así pues, podían hacer oír su voz en la cúspide del Estado, y sin duda con una autoridad fundamentada en el extraordinario predominio que por entonces ejercía la religión sobre los espíritus.

SEÑORES Y SACERDOTES

El análisis anterior nos lleva a comprobar que en el seno de la clase dirigente azteca existía una dualidad: por un lado, los dignatarios militares o civiles (entre los mexicanos como entre los romanos, el *cursus honorum* no incluía una separación formal de esas dos categorías de funciones; sin embargo, en México, aún más que en Roma, se hace hincapié en el aspecto guerrero); por el otro, los sacerdotes. Esta dualidad se expresa por dos términos: *tecuhtli,* que a menudo traducimos por "señor", designa a los grandes jefes militares, los gobernadores de ciudades y de zonas, los soberanos de los Estados confederados o sometidos y los jefes elegidos de los *calpulli; tlamacazqui,* "sacerdote", se aplica a los miembros de la jerarquía sacerdotal, desde los sumos sacerdotes hasta los "párrocos" de los pequeños templos de barrio. En el mundo sobrenatural la mayoría de los dioses, especialmente los del cielo y los del infierno, llevan el título de *tecuhtli,* pero se reserva el de *tlamacazqui* a Tláloc, el viejo dios de la lluvia y de la vegetación.

Al contacto con las civilizaciones sedentarias de la altiplanicie y con la tradición tolteca, los aztecas habían adoptado los cultos y las divinidades agrarias. Es bastante significativo que de las 18 grandes fiestas que cada 20 días marcaba el avance del año, cuatro estuvieran consagradas a Tláloc y a los dioses de la lluvia, y cinco a las divinidades de la tierra y el maíz.[1] En la cumbre del gran *teocalli* de México, los dos santuarios de Huitzilopochtli y de Tláloc, lado a lado sobre la misma plataforma, dominaban la ciudad santa, simbolizando la yuxtaposición de las dos religiones fundamentales: la de los astros, religión de los guerreros adoradores del sol, y la de la tierra y el agua. religión de los campesinos y de las civilizaciones sedentarias.

En el bien poblado panteón de la religión azteca a principios del siglo XVI —los mexicanos se "anexaban" con la mayor facilidad dioses extranjeros; hasta había un templo especial para ellos, el *Coacalco*—, cuatro personalidades divinas se destacaban, por así decirlo, de la muchedumbre. Esos cuatro dioses principales se dividían, a su vez, en dos grupos: por una parte Huitzilopochtli, dios del sol y divinidad protectora del Estado, y Tezcatlipoca, dios del cielo nocturno; por la otra Tláloc, viejo dios preazteca de la lluvia, y Quetzalcóatl, el dios tolteca por excelencia, inventor de las artes, de la escritura y del calendario adivinatorio. Los dos primeros eran dioses belicosos, llegados de los desiertos del Norte con sus adoradores bárbaros, y desempeñaban el papel de "patrones" de las dos órdenes militares, la de los "caballeros águilas" (Huitzilopochtli) y la de los "caballeros tigres" (Tezcatlipoca); los otros dos eran objeto de culto desde hacía siglos entre los pueblos civilizados del altiplano central. Tláloc no es un dios guerrero, sino un dios campesino; abre a los que distingue su propio paraíso, el *Tlalocan,* jardín exuberante y húmedo en que los bienaventurados gozan de la abundancia y del reposo, mientras que los guerreros muertos por la gloria del sol van, en el cielo, a resucitar a la vera del astro. En cuanto a Quetzalcóatl, dios benévolo y pacífico, decíase que siempre se había negado a instaurar sacrificios humanos en su ciudad histórico-mítica de Tula, y que había sido expulsado de su reino precisamente por Tezcatlipoca. El sincretismo

---

[1] Cuatro estaban consagradas a los dioses astrales, dos de ellas a Huitzilopochtli.

mexicano de la época imperial había reconciliado a esos adversarios, o antes bien los había colocado juntos en un mismo complejo de ritos y de creencias, sin reducir, empero, su dualidad esencial. Ahora bien, esta dualidad se afirmaba en un dominio de una importancia capital en cuanto a la evolución de la sociedad y del gobierno: el de la educación.

En efecto, coexistían en México dos sistemas de educación. En los *telpochcalli*, "casas de los jóvenes", los niños y los adolescentes recibían una educación esencialmente práctica, orientada hacia la vida del "ciudadano medio" y hacia la guerra. Los propios maestros eran guerreros ya confirmados, que se esforzaban por inculcar a sus alumnos las virtudes cívicas y militares tradicionales. Mientras se preparaban para igualar las hazañas de esos mentores, los jóvenes llevaban una vida colectiva bastante brillante y libre. Cantaban y bailaban después de la puesta del sol y tenían por compañeras a unas jóvenes cortesanas, las *auhianime*.

Muy distinta era la educación dada por los sacerdotes en los colegios superiores, anexos a los templos, llamados *calmécac*. Allí, una vida austera y estudiosa preparaba a los adolescentes o bien para el sacerdocio, o bien para los altos cargos del Estado. Sometidos a frecuentes ayunos y a trabajos arduos, estudiaban los libros sagrados, los mitos, el calendario adivinatorio y la historia de su país. Se cultivaba en ellos el dominio de sí mismos, la abnegación, la devoción a los dioses y a la cosa pública. También se les enseñaban el arte oratorio, la poesía y los buenos modales.

Ahora bien, cada uno de esos dos sistemas de educación se hallaba bajo la invocación de un dios. Los *telpochcalli* dependían de Tezcatlipoca, que tenía entre otros títulos sagrados el de *Telpochtli*, "el joven", y el de *Yáotl*, "el guerrero", mientras que los *calmécac* dependían del pacífico Quetzalcóatl, protector de la civilización, inventor de los libros y rey-sacerdote de Tula. El niño que ingresa en el *telpochcalli* está consagrado a Tezcatlipoca, el que es recibido en el *calmécac* está dedicado a Quetzalcóatl.

Detrás de esas dos personalidades divinas se oponen dos concepciones de la vida y del mundo, sin dejar de combinarse en el seno de una misma sociedad. Por una parte, el ideal de los guerreros, o sea el que se deriva de la antigua vida nómada de los bárbaros: una juventud dichosa, consagrada a los placeres y a los combates, la guerra, la muerte por el sol, la eternidad bienaventurada en el cielo luminoso. Por la otra, el ideal sacerdotal de renuncia a sí mismo, de abnegación en bien de los dioses o del Estado, de estudio contemplativo; en suma, el ideal "tolteca" de las grandes civilizaciones pre-aztecas. El primero tiene por lema la juventud, el segundo está inspirado por los ancianos, cuya palabra *(huehuetlatolli,* "palabra de los ancianos", designa un conjunto de reglas de moral y de buenos modales) es sumamente respetada, ya que son ellos quienes asisten a los consejos.

No cabe duda de que existía un antagonismo entre los *telpochcalli* y los *calmécac*. Sabemos que se reprochaba a los alumnos de los *telpochcalli* la libertad de su vida, sus mancebas, su lenguaje arrogante y presuntuoso. Una vez al año, durante el decimosexto mes, *Atemoztli,* los alumnos de los dos sistemas de enseñanza se lanzaban los unos contra los otros, se hacían "novatadas", invadiendo los establecimientos y saqueando el mobiliario.

¿De qué categorías sociales provenían esos alumnos, y a qué "carreras" podían aspirar? La organización de la sociedad mexicana presenta una curiosa mezcla de democracia y de oligarquía. En principio, sólo los jóvenes pertenecientes a la clase de los *pilli* (hijos de dignatarios) podían ingresar en el *calmécac.* Terminada su educación, cerca de los 20 años, escogían o el sacerdocio, y por consiguiente el celibato, o el matrimonio y el servicio al Estado.

También en principio, los hijos de comerciantes, de cortesanos o de simples ciudadanos entraban en el *telpochcalli*; salían de allí para casarse y tomar las armas. Mas por los testimonios de la época sabemos que el *calmécac* también estaba abierto al menos a ciertos hijos de la clase de los comerciantes *(pochteca)* y de la de los plebeyos *(macehualtin).* Lo que no podemos precisar es en qué condiciones y según qué elección. Pero es seguro que la carrera militar podía llevar a un guerrero particularmente distinguido, cualquiera que fuese su origen, hasta las más altas dignidades, por ejemplo a uno de los cuatro grandes mandos que dependían directamente del emperador; asimismo, los sumos sacerdotes eran escogidos sin tener en cuenta su familia, y perfectamente podían ser hijos de simples ciudadanos. Puede decirse que todo azteca libre "llevaba en su mochila el bastón de mariscal", y también la posibilidad de llegar a la cúspide de la jerarquía sacerdotal. Las crónicas indígenas dan incontables ejemplos de guerreros elevados al rango de *tecuhtli* después de tal o cual hecho de armas, o aun de simples campesinos investidos por el emperador con funciones que les hacían entrar en la clase dirigente.

LA EVOLUCIÓN DE LAS IDEAS MORALES Y DE LOS VALORES

Se comprendería mal este complejo estado de cosas, en que se equilibraban concepciones distintas, casi opuestas, de la vida, provenientes de culturas históricamente diversas, si no se le recolocara en el tiempo para tratar de seguir su evolución en el curso de los dos siglos que precedieron a la conquista de México por los españoles.

En el siglo XIV y durante una gran parte del XV, la corriente de pueblos llegados del Norte y las luchas encarnizadas entre Estados —en especial la guerra a muerte que libró Azcapotzalco, gobernado por tiranos sin escrúpulos, con Tezcoco y Tenochtitlán— mantienen en México un clima de violencia. Intrigas, golpes de Estado, usurpaciones, asesinatos políticos, guerras de conquista se suceden sin interrupción. Los grandes hombres de esta época agitada son, ante todo, apasionados jefes de guerra, de cóleras terribles,[2] de un valor indomable ante las pruebas más desmesuradas: Nezahualcóyotl, rey de Tezcoco destronado después de la muerte de su padre, ¿no tuvo que errar por montañas y desiertos durante años, en perpetuo peligro de muerte? El ideal de ese tiempo, a pesar del proceso de "toltequización" comenzado desde el siglo VIII, sigue siendo el de los nómadas bárbaros y belicosos. Últimos en llegar, los aztecas, antes de surgir como tribu dominante y extender su hegemonía sobre territorios inmensos, de-

---

[2] El primer Moctezuma, cuyo nombre significa "el que monta en cólera como un señor", mandó matar a su propio hermano en un acceso de furor.

bieron de sufrir vejaciones y exacciones, pagar tributos, inclinarse ante hechos de fuerza como el asesinato de su segundo soberano en 1428. Hasta el final del siglo XV no dejarán de combatir, y los nombres de Itzcóatl, de Axayácatl, de Ahuízotl, de Tlacaeletzin, son sinónimos de violencia, de voluntad de poder.

Es difícil precisar en qué momento se modificó la evolución de los hechos y de las costumbres. Como pueblo dedicado al servicio del sol, los aztecas consideraban indudable que tenían el deber cósmico de dar al astro la sangre de los sacrificados, que era su alimento, sin el cual el mundo sería aniquilado. No podían dejar de llevar hasta el extremo la "guerra sagrada". Así, no hicieron el esfuerzo que habría sido necesario, y que sin duda habría sido posible, para aniquilar al pequeño Estado de Tlaxcala, enclavado en el corazón de su imperio: de esta manera llevarían a cabo combates, a intervalos regulares, para poder depositar corazones humanos al pie del santuario de Huitzilopochtli. Todo el aspecto feroz y sangriento de la civilización mexicana de la época está ligado a esta concepción del universo, según la cual la sangre de los sacrificados es indispensable para la vida misma del mundo y de la humanidad.

Pero, al mismo tiempo que subsiste esta obligación, que explica la importancia de la función guerrera en la sociedad y en el Estado, el entusiasmo de los jóvenes consagrados al combate y a la muerte por los dioses, y la alta dignidad de los combatientes y de sus jefes, otras causas poderosas actúan en el sentido opuesto. En la ciudad, que ya no se encuentra amenazada y que domina una gran zona pacificada en el corazón de un país que no recorren más los bárbaros, sólidamente contenidos en los límites septentrionales del imperio, el desarrollo de la riqueza pública y privada, el ascenso de la clase negociante, el refinamiento cada vez mayor del modo de vida y la influencia de la tradición tolteca simbolizada por Quetzalcóatl, entrañan una modificación sutil pero profunda del clima psicológico y de la apreciación de los valores.

Por ejemplo, al estudiar los discursos oficiales pronunciados en las ceremonias de entronización de los soberanos, sorprende comprobar hasta qué punto ha dejado de hacerse hincapié en sus virtudes guerreras, para dar paso a la benevolencia, la bondad, la dignidad y la moderación que deben imponerse. "Tú vas a sostener y a atender a este pueblo como a un niño en la cuna. Sé moderado en el ejercicio de tu poder, no muestres los dientes ni las garras": tales son los consejos que dan los oradores al nuevo emperador. Se le compara con un árbol, a cuya sombra se abrigan las multitudes. Se le conmina a no actuar nunca bajo el efecto de la cólera. "Hazte un corazón de anciano, grave y severo", se le dice. "No hagas nada, no digas nada con precipitación."

Se nos informa de una serie de historietas edificantes que tienden, todas, a pintar a los dirigentes tal como deben ser: caritativos, misericordiosos, blandos de corazón. El buen emperador es el que se inclina ante la miseria, el que no vacila en reconocer sus errores, el que teme a los dioses y escucha pacientemente las quejas. Verdaderas o falsas, esas anécdotas son significativas: ha quedado atrás el tiempo en que se admiraban exclusivamente la fuerza y la violencia. El ideal de la vida civilizada se aleja del de los feroces guerreros de la fase anterior.

Los preceptos morales conocidos con el nombre de "palabras de los ancianos" van más lejos, pues en ellos se puede observar hasta una condena a ciertos hombres de guerra, "grandes destructores pero incapaces en las tareas del gobierno". Es difícil dejar de ver en esos propósitos el reflejo de la enseñanza sacerdotal de los *calmécac.* Y da lugar a pensar el que uno de los motivos del asombroso triunfo de los conquistadores fue que encontraron ante ellos no a un hombre de Estado con valor brutal y a un guerrero como Moctezuma I, sino a su heredero Moctezuma II, escrupuloso y meditativo, alumno distinguido del colegio sacerdotal, muy atento a los presagios, y que tomó a los españoles desembarcados en México por los representantes de Quetzalcóatl anunciados por antiguas profecías.

De la fase primitiva, donde lo poco que existía de poder tribal estaba concentrado en manos de los sacerdotes, hasta la época de la caída de México, ha tenido lugar, pues, una evolución compleja. El México antiguo no era una teocracia, pero la influencia de la religión y de la clase sacerdotal, heredera de una tradición de alta cultura, se ejerció allí poderosamente. Conjugada con otras causas económicas y políticas, contribuyó a modificar profundamente la jerarquía de los valores que reconocía una civilización dividida en sí misma por la dualidad de sus orígenes. Este dualismo fundamental, ¿cómo se habría reducido, de haber continuado la evolución de la sociedad mexicana? El desplome de esta cultura bajo los golpes de Cortés y de sus compañeros ha cerrado súbitamente esta página de la historia universal. En todo caso, no hay duda de que los aztecas, a diferencia de los incas, tendían a distinguir netamente la religión de la política, la función sacerdotal de la función gubernamental. Por creyentes que fuesen, los gobernantes no eran sacerdotes, y los sacerdotes no gobernaban.

III. LA RELIGIÓN AZTECA

La religión azteca está constituida por la mitología, las creencias y las prácticas del pueblo del imperio azteca del México precortesiano. Según su tradición histórica, los aztecas, tribu de lengua náhuatl, habían partido, en el año 1168 de nuestra era, de Aztlán, lugar situado en alguna parte del noroeste de México o del sudoeste de los Estados Unidos, donde habían vivido durante más de 1 000 años. Cuando, en el siglo XIII, trataron de instalarse en el valle central de México, entre los Estados civilizados de Culhuacán, Azcapotzalco y Tezcoco, fueron recibidos como invasores semibárbaros. Pobres y sin tierras, lograron construir en México-Tenochtitlán una aldea de chozas de caña sobre algunos islotes y bancos de arena de los lagos. Sólo durante el reinado de Itzcóatl (1428-1440) fue cuando comenzaron el ascenso que debía conducirlos a la dominación de la Liga de las Tres Ciudades (México, Tezcoco, Tlacopan), que formaron lo que hoy se llama el imperio azteca.

Al construir su imperio por la guerra, la diplomacia y el comercio, los aztecas se encontraron en relaciones estrechas con muchos grupos étnicos aborígenes, cuyas divinidades, mitos, rituales y creencias pronto adoptaron. Su religión parecía una síntesis que reunía los rasgos de diferentes culturas.

FUENTES

La religión azteca es conocida mediante un gran número de documentos, que pueden dividirse en cinco categorías:

Primeras relaciones escritas por los conquistadores

Las más importantes de éstas son las *Cartas de relación* enviadas por Hernán Cortés al emperador Carlos V, y la *Historia verdade-*

ra de la conquista de la Nueva España, de Bernal Díaz del Castillo. Los ritos, las ceremonias, los templos, los ornamentos de los cultos se describen a menudo en esos relatos. Sin embargo, su valor queda menoscabado por la ignorancia de la lengua azteca de sus autores, por su falta de comprensión de los modos de pensar de los indios y por su profunda hostilidad hacia la religión indígena, a la que consideraban inspirada por el diablo. Por ello, esos documentos deben ser interpretados con la más extrema prudencia.

Primeras relaciones de los misioneros católicos

Paradójicamente, los sacerdotes dieron pruebas, en general, de mayor comprensión y tolerancia que los laicos. Gracias a su formación y a sus conocimientos teológicos, eran capaces de analizar el pensamiento indio y de descubrir el sentido de los mitos y del ritual. Creían que los dioses indígenas eran diablos y que toda esta religión no era más que una trampa de Satanás para destruir las almas de los indios. Sin embargo, la mayoría de ellos (como fray Toribio de Benavente, Motolinia) sentían una verdadera compasión hacia la población autóctona e hicieron lo que pudieron por observar y describir su modo de vida. Por regla general, los misioneros aprendieron las lenguas indígenas, especialmente la azteca. El más célebre de esos sacerdotes fue el padre Bernardino de Sahagún. Llegó a México muy tempranamente, en 1529, aprendió la lengua náhuatl y pasó su vida construyendo una obra admirable, una verdadera enciclopedia llamada *Historia general de las cosas de la Nueva España.* Sahagún amaba profundamente a "sus hijos, los indios" Dedicó la mayor parte de sus trabajos a la relación increíblemente detallada de las creencias y de los ritos que nobles y sacerdotes aztecas le dictaban en lengua náhuatl. Aunque condenara severamente, como buen monje católico, su religión, admiraba el gran sentido moral de los aztecas, las virtudes de sus sacerdotes, los ideales de sus jefes y el saber de los pensadores indígenas. Así, puede decirse que el texto náhuatl de la *Historia* de Sahagún aporta un tesoro verdaderamente ilimitado

de tradición mitológica, de descripciones de ritos, de conceptos
teológicos y de poesía religiosa.

Libros sagrados aztecas

Estas obras, que se conservaban en los templos, se conocen con el
nombre de *códices;* eran escritos en piel de gamo o en fibras de
maguey por escribas *(tlacuiloanime)* que empleaban a la vez
pictografía, ideogramas y símbolos fonéticos. Los códices trataban del calendario ritual, de la adivinación, de las ceremonias
y de especulaciones sobre los dioses y el universo. La mayor parte
de esos textos fue destruida después de la conquista, pero han
sobrevivido algunos especímenes notables, como el *Códice Borbónico,* el *Códice Borgia,* el *Códice Fejérváry-Mayer* y el *Códice
Cospi.* La interpretación de esos manuscritos no es nada fácil. Tan
sólo algunos, como el *Borbónico,* son verdaderamente aztecas,
mientras que otros, de la mayor importancia —como el *Borgia*—,
parecen provenir de los colegios de sacerdotes de la región
México-Puebla, situada entre el altiplano central y las montañas
de Oaxaca.

También ofrece material útil otro género de libros, ya precor-
tesianos, ya poscortesianos. De este grupo se pueden citar manuscritos históricos como el *Códice Telleriano-Remensis,* el *Azcatitlán,* el *Códice de 1576* y el *Códice Mendoza.* Éstos relatan la
historia de la tribu y del Estado aztecas y a veces describen escenas
o acontecimientos religiosos.

Libros escritos por cronistas aztecas

Estas obras han sido escritas, con el alfabeto latino, sea en
náhuatl, sea en español, por mestizos o indígenas instruidos como
Tezozómoc, Ixtlilxóchitl y Chimalpahin, remitiéndose a antiguos
manuscritos pictográficos. Algunos de estos libros son compila-

ciones anónimas, como los *Anales de Cuauhtitlán* o la *Historia de los mexicanos por sus pinturas*.

Materiales arqueológicos

Éstos comprenden estatuas de divinidades, bajorrelieves religiosos, frescos, estatuillas y vasos de arcilla, así como máscaras de piedra o de madera. Dado que la mayor parte del arte azteca es sumamente simbólica, tales objetos pueden darnos informaciones importantes. Desde luego, su interpretación a menudo plantea problemas delicados que sólo pueden resolverse por medio de una confrontación atenta con las fuentes escritas.

HISTORIA

Vida religiosa primitiva en el centro de México

Los fenómenos religiosos primitivos sólo pueden deducirse de vestigios arqueológicos. Numerosas figurillas de arcilla, encontradas en las tumbas, realmente no demuestran creencias religiosas durante los periodos agrícolas preclásicos de Zacatenco y Ticomán (de cerca de 1500 al siglo I a.C.). Es posible, sin embargo, que esas estatuillas de terracota con formas femeninas hayan representado una deidad agrícola, una diosa de las cosechas.

Las figurillas bicéfalas encontradas en Tlatilco, sitio arqueológico del Preclásico Tardío, bien podrían representar a un ser sobrenatural. Los ídolos de arcilla de un dios del fuego, representado por un anciano que lleva a la espalda un incensario, datan del mismo periodo.

El primer monumento de piedra del altiplano mexicano es la Pirámide de Cuicuilco, cerca de la ciudad de México. En rigor, se trata más bien de un cono truncado con un núcleo de piedra: el resto, bajo un revestimiento pétreo, está constituido por ladrillos secados al sol. Esta construcción revela las características de las pirámides mexicanas tal como se desarrollaián más tarde. Era, no cabe duda, un monumento religioso coronado por un templo construido sobre la última plataforma y rodeado de tumbas. La construcción de semejante edificio necesitaba manifiestamente un esfuerzo organizado y sostenido bajo la dirección de los sacerdotes. La última fase de las culturas preclásicas del altiplano central constituye una transición de la aldea a la ciudad, de la vida rural a la vida urbana. Se trata de una revolución social e intelectual de gran alcance, que entraña toda clase de nuevas ideas religiosas, formas de arte nunca vistas y regímenes teocráticos. Es significativo que se hayan encontrado estatuillas olmecas en Tlatilco, cerca de objetos del final de la época Preclásica.

Civilización olmeca

La civilización olmeca puede ser considerada, en el estado actual de nuestros conocimientos, como la primera de las grandes civilizaciones indígenas de Mesoamérica. Su cuna se sitúa generalmente en la región del Golfo de México, en los estados de Tabasco y Veracruz (La Venta, Tres Zapotes). Sus comienzos son contemporáneos del Preclásico Tardío y parecen remontarse al siglo X o aun al XII a.C. Se encuentran rastros del característico estilo olmeca en el territorio mexicano desde la costa del Golfo hasta el valle de Oaxaca y en regiones de Morelos y de Guerrero.

Los olmecas, pueblo indígena cuyo origen y lenguaje siguen siendo desconocidos, desarrollaron las artes de la arquitectura y de la escultura. Construyeron centros ceremoniales, erigieron monolitos y altares esculpidos, e inventaron un sistema de escultura jeroglífica. Sus bajorrelieves y sus jadeítas esculpidas (silicatos de sodio y de aluminio que constituyen una especie de jade) muestran claramente dioses, sacerdotes y escenas míticas. Un culto parece haber ocupado lugar preponderante en las creencias y en las prácticas religiosas: el del jaguar, asociado con el de un extraño "bebé", cuyos rasgos (sobre todo la boca) recuerdan a ese animal.

Vida religiosa clásica: Teotihuacán

Aunque los jaguares aparecen, a veces, en los frescos religiosos de Teotihuacán, principal sitio clásico del altiplano central, la religión olmeca no parece haber echado raíces sobre las altas mesetas. La influencia del gran centro ceremonial de Teotihuacán se extendía hasta la región maya de Guatemala, como lo muestran los descubrimientos arqueológicos. Los teotihuacanos veneraban divinidades de la tierra y del agua, como por ejemplo el dios de la lluvia conocido después con el nombre de Tláloc en náhuatl, la diosa del agua (Chalchiuhtlicue, en náhuatl) y la serpiente emplumada (Quetzalcóatl, en náhuatl), símbolo de la fertilidad de la tierra. Las civilizaciones clásicas del primer milenio de nuestra era tienen en común varias entidades religiosas, como el dios de la lluvia llamado Cocijo por los zapotecas y Chac por los mayas.

Esto también es válido para Teotihuacán, sobre el altiplano central; para El Tajín, cerca de la costa del Golfo; para la ciudad zapoteca de Monte Albán, en Oaxaca, y para las ciudades mayas de Chiapas, Yucatán, Guatemala y Honduras.

Otros centros clásicos

En Palenque y en otros centros mayas era venerado un dios del maíz, a quien se le representaba como una cruz con follaje, estilización de una planta de esta gramínea. También existía un culto al sol, como lo prueban los bajorrelieves esculpidos del Templo del Sol en Palenque. La religión clásica gravitaba principalmente en torno a divinidades ligadas a la agricultura. Los frescos de Teotihuacán muestran que el benévolo dios de la lluvia reservaba a los hombres después de su muerte un paraíso eterno, pintado como un jardín tropical en que podían cantar, danzar y jugar entre flores y árboles frutales. No hay ninguna prueba de sacrificios humanos. Se ve a los sacerdotes ofreciendo incienso, bolas de hule y placas de jade.

Ciertas particularidades del arte ornamental, como el motivo de las volutas, sugieren claramente que la teocracia de Teotihuacán estaba dirigida por una casta de sacerdotes que habrían podido llegar de las "tierras calientes", las tierras bajas de las selvas de lluvias entre el altiplano central y la costa del Golfo. El grueso de la población, que trabajaba la tierra y aportaba la mano de obra para la construcción de los monumentos, pudo pertenecer a tribus agrícolas, como los otomíes, quienes después veneraron a la vez a una diosa terrestre y lunar de la fertilidad y a un dios de la lluvia. El siglo VIII presenció la decadencia de Teotihuacán. Unas influencias exteriores marcan la fase de transición llamada Mazapan. En ese momento aparece por vez primera en el altiplano un dios, Xipe Tótec, cuyo culto parece originario de la región Yopi, situada en la vertiente del Pacífico.

Religión tolteca

En el siglo IX, un pueblo llegado del norte de México y que hablaba el náhuatl invadió el centro del país y fundó una ciudad llamada Tollan o Tula. Esos toltecas belicosos veneraban divinidades astrales como Tezcatlipoca, dios del cielo nocturno. Toda la historia de Tula, hasta el siglo X, se caracteriza por la lucha entre la antigua religión de Teotihuacán, simbolizada por Quetzalcóatl (la "Serpiente Emplumada"), y la religión nueva llevada por los invasores. Vencida por la magia de Tezcatlipoca, la benévola "Serpiente Emplumada" huyó de Tula; a partir de entonces, el centro de México quedó sometido a los crueles ritos de los dioses del cielo y de la guerra, que exigían la sangre de víctimas humanas.

Grandeza de los aztecas

La desintegración de la civilización tolteca, después de la caída de Tula en 1168, abrió el altiplano central a las errantes tribus chichimecas (bárbaras) del Norte de México. Algunas ciudades, como Xochimilco, Culhuacán y Cholula, siguieron siendo plazas fuertes de la tradición religiosa tolteca. Otras fueron fundadas por los recién llegados, como Azcapotzalco, Tezcoco, Tlaxcala y, después, Tenochtitlán. Después del siglo XIV, pese a un estado de guerra endémico entre 28 ciudades-Estados, se desarrolló una comunidad de cultura por medio de las relaciones comerciales, el lenguaje común (el náhuatl) y los matrimonios entre las familias dominantes. Cada ciudad-Estado veneraba su dios tribal propio: Quetzalcóatl (Cholula), Camaxtli (Tlaxcala), Huitzilopochtli (México), pero también había interconexión general de los mitos y los rituales.

Síntesis azteca de los cultos tribales

Así, la religión azteca combinó los cultos astrales de las tribus del Norte con los de los dioses de la tierra y de la lluvia de los campesinos sedentarios. La pirámide del templo principal *(teocalli)* sostuvo entonces dos santuarios de iguales dimensiones, uno dedicado a Huitzilopochtli, el dios del sol y de la guerra, y el otro consagrado a Tláloc, el viejo dios de la lluvia. Asimismo, la jerarquía religiosa estaba dirigida por dos altos dignatarios eclesiásticos del mismo rango, las "Serpientes Emplumadas"; uno llevaba el nombre de "sacerdote de Tláloc", y el otro el de "sacerdote de Nuestro Señor" (Huitzilopochtli).

El panteón azteca ilustra la tendencia del espíritu de ese pueblo al sincretismo; en el tiempo de la conquista española, reunía al dios del fuego de los otomíes, Otontecuhtli; a la diosa del amor de los huastecos, Tlazoltéotl; a "Nuestro Señor el Desollado" de los yopi, Xipe Tótec; a la diosa de la tierra de los desiertos del Norte, Itzpapálotl, y a Tzapotlatenan, deidad de los ungüentos y de la medicina de la región zapoteca. Ciertos himnos religiosos se cantaban en lenguas extranjeras ("chichimeca"); los ritos ligados al culto de Venus habían sido tomados de los mazatecos de Oaxaca.

Restos después de la conquista española

La conquista española y la conversión en masa de los indios al cristianismo no hicieron desaparecer por completo esta tendencia tradicional al sincretismo religioso. Convertidos al catolicismo y practicantes asiduos —salvo algunas excepciones, como los lacandones de Chiapas, que no pudieron ser evangelizados—, los indígenas no por ello han dejado de conservar hasta nuestros días ritos y creencias a la vez mágicos y religiosos. La mayor parte de las comunidades indias continúan haciendo ofrendas a los dioses de la lluvia, en la cumbre de los montes, "alimentando" a la tierra al enterrar animales y atendiendo a los enfermos por medios mágicos. Está muy extendida la creencia en el nahual, animal totémico individual. El culto al peyote ha guardado una importancia extrema entre los huicholes del noroeste de México.

En muchos casos, la religión antigua se ha combinado con el cristianismo. Así, la peregrinación consagrada a la diosa de la tierra y de la luna Tonantzin, al Tepeyac, anterior a la conquista española, ha tomado hoy la forma de un culto a la Virgen de Guadalupe; los indios de lengua náhuatl todavía la llaman Tonantzin, y los otomíes le dan el nombre de su antigua diosa lunar. En la mayor parte de los poblados, cofradías puramente indias asocian el culto de los santos de la Iglesia católica con las ceremonias que se practicaban antes de Cortés. En las zonas rurales, el catolicismo mexicano está impregnado de tales supervivencias.

MITOS

Cosmología y escatología

Al igual que otros indios americanos, como los maya-quichés por ejemplo, los aztecas creían que habían existido cuatro mundos antes del universo actual. Esos mundos o "soles" habían sido destruidos por catástrofes. La humanidad había sido completamente exterminada al acabar cada uno de sus "soles". El mundo actual era el "Quinto Sol".

El "Primer Sol" era llamado *nahui-océlotl,* "4-Jaguar", fecha importante del calendario ritual. La humanidad había sido destruida por jaguares. Este animal era para los aztecas el *nahualli,* el "disfraz animal" de Tezcatlipoca.

Al terminar el "Segundo Sol", llamado "4-Viento", *nahui-ehécatl,* un huracán mágico había transformado a todos los hombres en monos. Esta catástrofe había sido provocada por Quetzalcóatl, bajo la forma del dios de los vientos, Ehécatl. Una lluvia de fuego había puesto fin al "Tercer Sol", *nahui-quiahuitl,* "4-Lluvia". Tláloc, dios del trueno y de los rayos, reinó durante este periodo.

El "Cuarto Sol", *nahui-atl,* "4-Agua", había terminado por una gigantesca inundación que duró 52 años. Sólo sobrevivieron un hombre y una mujer, refugiados en un enorme ciprés. Pero fueron transformados en perros por Tezcatlipoca, cuyas órdenes habían desobedecido.

La humanidad actual ha sido creada por Quetzalcóatl. La Serpiente Emplumada, con ayuda de su gemelo Xólotl, el dios con cabeza de perro, ha logrado hacer revivir los huesos desechados de los antiguos muertos, regándolos con su propia sangre. El sol actual es llamado *nahui-ollin,* "4-Temblor de Tierra", y está condenado a desaparecer en un inmenso movimiento telúrico. Los monstruos occidentales parecidos a esqueletos, los Tzitzimime, aparecerán entonces y matarán a todos los hombres.

Esos mitos revelan dos conceptos profundamente arraigados. Uno es la creencia de que el universo es inestable, de que la muerte y la destrucción lo amenazan constantemente. El otro hace hincapié en la necesidad de hacer sacrificios a los dioses. Gracias al propio sacrificio de Quetzalcóatl, las osamentas antiguas del Mictlan, "el lugar de la muerte", han dado nacimiento a los hombres. El sol y la luna han sido creados de la misma manera: los dioses reunidos en Teotihuacán, en la oscuridad, han encendido un gran fuego; dos de entre ellos, Nanahuatzin, una deidad menor cubierta de úlceras, y Tecciztécatl, un dios ricamente adornado de joyas, se arrojaron a las llamas, de donde volvió el primero bajo la forma del sol, y el segundo como la luna. Entonces, el sol se negó a moverse si los demás dioses no le daban su sangre; así, ellos se vieron obligados a sacrificarse para alimentar al sol.

Cosmología

Según los conceptos cosmológicos aztecas, el universo tiene la forma general de una cruz. Con cada uno de los cuatro puntos cardinales del mundo se relacionan cinco de los 20 signos de los días, entre ellos un "portador de año" (Este, *ácatl,* caña; Oeste, *calli,* casa; Norte, *técpatl,* cuchillo de pedernal; Sur, *tochtli,* conejo), un color (Este, rojo o verde; Oeste, blanco; Norte, negro; Sur, azul), y ciertos dioses. El quinto punto cardinal, el centro, es atribuido al dios del fuego, Huehuetéotl, porque el hogar se encuentra en medio de la casa.

Encima de la tierra, que está rodeada del "agua celeste" *(ilhuicáatl)* del océano, se encuentran 13 cielos, el más elevado de los cuales, "donde el aire es delicado y frío", es la morada de la "Pareja Suprema". Debajo de la "tierra divina" *(teotlalli)* están los nueve infiernos de Mictlan, con otros tantos ríos que las almas de los muertos deben atravesar. El *trece* era considerado como una cifra favorable, y el *nueve* como muy nefasta.

Todos los cuerpos celestes y las constelaciones estaban divinizados. Así ocurría con la Osa Mayor (Tezcatlipoca), Venus (Quetzalcóatl), las estrellas del Norte (Centzon Mimixcoa, las "Cuatrocientas Serpientes de Nubes") y las estrellas del Sur (Centzon Huitznahua, los "Cuatrocientos Meridionales"). Se suponía que el disco solar, Tonatiuh, era llevado en litera del Este al cenit rodeado por las almas de los guerreros muertos, y del cenit al Oeste en medio de un cortejo de mujeres divinizadas, las Cihuateteo. Cuando la noche se extendía sobre la tierra, el día se levantaba en Mictlan, la morada de los muertos.

DIVINIDADES

Dioses de la vegetación y de la fertilidad

Cuando los aztecas invadieron el valle, las tribus antiguas del México central veneraban, desde hacía siglos, a los dioses de la fertilidad. El culto a esos dioses siguió siendo muy importante en la religión azteca. Tláloc, el proveedor de la lluvia pero también el dios airado del trueno, era el jefe de un grupo de dioses de la lluvia, los Tlaloque, que residían en la cumbre de las montañas. "La que Lleva una Falda de Jade", Chalchiuhtlicue, reinaba sobre las aguas dulces, y Huixtocíhuatl lo hacía sobre las aguas saladas y las del mar.

Muchas diosas de la tierra estaban asociadas con la fertilidad del suelo o con la fecundidad de las mujeres, tales como Teteoínan ("Madre de los Dioses"), Coatlicue ("La que Lleva una Falda de Serpientes"), Cihuacóatl ("Mujer Serpiente") e Itzpapálotl ("Mariposa de Obsidiana"). Su importancia es doble: como deidades de la fertilidad dan a luz a los jóvenes dioses del maíz, Centéotl, y de las flores, Xochipilli; como divinidades guerreras son símbolos de la tierra que devoran los cuerpos y beben la sangre. Tlazoltéotl, diosa huasteca, estaba encargada del amor carnal y de la confesión de los pecados.

Tomado de la lejana tribu yopi, Xipe Tótec era el dios de la primavera, de la renovación de la vegetación y al mismo tiempo patrono de la corporación de los orfebres. En su honor se mataban y desollaban víctimas humanas.

El concepto de la "Pareja Suprema" desempeñaba un papel importante en la religión de los antiguos pueblos sedentarios, como los otomíes. Entre los aztecas tomaba la forma de *intonan intota*, "Nuestra Madre, Nuestro Padre", la tierra y el sol. Pero el dios del fuego, Huehuetéotl, también estaba ligado a la tierra. Además, se suponía que Ometecuhtli ("Señor de la Dualidad") y Omecíhuatl ("Señora de la Dualidad") tenían por morada el decimotercer cielo. Decidían la fecha de nacimiento de cada ser humano y determinaban así su destino.

Entre los dioses de la fertilidad hay que contar a los "Cuatrocientos Conejos" (Centzon Totochtin), pequeños dioses de las cosechas, de la bebida fermentada, *octli,* y de la embriaguez, tales como Ometochtli y Tepoztécatl.

Los aztecas habían llevado con ellos el culto de su dios tribal del sol y de la guerra, Huitzilopochtli, "El Colibrí de la Izquierda", considerado como "El Guerrero Reencarnado del Sur", el sol conquistador del mediodía. Según una leyenda, probablemente tomada de los toltecas, decíase que había nacido cerca de Tula. Su madre, la diosa terrestre Coatlicue, ya había dado a luz a los "Cuatrocientos Meridionales" y a la diosa de la luna, Coyolxauhqui, a los que el dios recién nacido exterminó con su "serpiente de turquesa", *xiuhcóatl.* Tezcatlipoca, dios del cielo nocturno, era el protector de los jóvenes guerreros. Quetzalcóatl, la antigua divinidad de la vegetación y de la fertilidad en Teotihuacán, había sido "astralizado" y transformado en dios de la estrella de la mañana. También era reverenciado como dios del viento y como antiguo sacerdote-rey de la edad de oro tolteca: se le atribuía la invención de la escritura, del calendario y de las artes.

Pueblo del Sol

Los aztecas se consideraban como el "Pueblo del Sol". Su deber consistía en hacer la guerra cósmica para dar al sol su alimentación, *tlaxcaltiliztli.* Sin ella el sol habría desaparecido de los cielos. Así, el bienestar y la supervivencia misma del universo dependían de las ofrendas de sangre y de corazones al sol; los aztecas extendían esto a todas las divinidades de su panteón, por ello el sacrificio humano llegó a ser el elemento más importante del ritual.

Mitología de la muerte y de la supervivencia

El mismo sincretismo ya observado aparece en las creencias de los aztecas respecto del otro mundo y sobre una vida nueva después de la muerte. El antiguo paraíso del dios de la lluvia, Tláloc, representado en los frescos de Teotihuacán, abría sus jardines a los que morían ahogados, fulminados por el rayo o de lepra, hidropesía, gota o afecciones pulmonares. Se suponía que este dios había provocado su muerte y enviado sus almas al paraíso.

Cuauhteca y Cihuateteo

Dos categorías de muertos subían a los cielos como compañeros del sol: los Cuauhteca ("Gente del Águila"), que comprendían a los guerreros muertos en el campo de batalla o en la piedra de los sacrificios y a los comerciantes que fallecían durante sus viajes por países lejanos; y las mujeres muertas al dar a luz a su primer hijo, convertidas así en Cihuateteo, "Mujeres Divinas". Todos los demás muertos descendían bajo los desiertos del Norte, a Mictlan, la morada de Mictlantecuhtli, el dios de la muerte con máscara de calavera. Viajaban hacia allá durante cuatro años, hasta llegar al noveno infierno, donde desaparecían por completo.

Se hacían ofrendas a los muertos 80 días pasados sus funerales, luego uno, dos, tres y cuatro años después. En seguida quedaban cortados todos los nexos entre los muertos y los vivos. Pero los guerreros que atravesaban los cielos como séquito del sol volvían a la tierra cuatro años después, metamorfoseados en colibríes. Las "Mujeres Divinas", las Cihuateteo, se aparecían por la noche en las encrucijadas y dejaban paralizados a los pasantes.

Visión del mundo

La visión del mundo o *Weltanschauung,* de los aztecas, no concedía al hombre sino un papel ínfimo en la organización de las cosas. Su destino estaba sometido al todopoderoso *tonalpohualli* (ciclo del calendario). Su vida en el otro mundo no dependía en nada de consideraciones morales. Su deber consistía en combatir y morir por los dioses y por la conservación del orden del mundo.

Además, la hechicería, los augurios y los presagios dominaban la vida cotidiana. Es un hecho notable que una visión tan pesimista haya podido coexistir con el maravilloso dinamismo de la civilización azteca.

PRÁCTICAS E INSTITUCIONES

Calendario ritual azteca

El calendario ritual de 260 días lleva por nombre, en azteca, *tonalpohualli*, que significa "la cuenta de los días". Ese calendario se desarrolla paralelamente al calendario solar de 365 días que estaba dividido en 18 meses de 20 días, además de cinco días suplementarios nefastos. La palabra *tonalli* quiere decir "día" y "destino": el calendario de 260 días era empleado principalmente con fines de adivinación. El ciclo del calendario comprendía 20 series de 13 días. Los días se denominaban por medio de la combinación de 20 signos (fenómenos naturales como el viento, *ehécatl*, y los temblores de la tierra, *ollin;* animales como el conejo, *tochtli,* y el jaguar, *océlotl;* plantas como la caña, *ácatl;* objetos como el cuchillo de pedernal, *técpatl,* y la casa, *calli)* con los números del uno al 13.

Astrología y adivinación

Unos sacerdotes especializados, llamados *tonalpouhque,* interpretaban los signos y los números en circunstancias como el nacimiento, el matrimonio, la partida de los comerciantes a comarcas lejanas y la elección de jefes. Cada día o cada serie de 13 días eran juzgados fastos, nefastos o indiferentes, en función de las divinidades que los presidían. Así, *ce-cóatl* (1-Serpiente) era considerado favorable para los negociantes, *chicome-xóchitl* (7-Flor) para los escribas y las tejedoras, y *nahui-ehécatl* (4-Viento) para los magos. Los hombres que habían nacido durante la serie de días *ce-océlotl* (1-Jaguar) debían morir sobre la piedra de los sacrificios; aquellos cuyo nacimiento había ocurrido en el día *ome-tochtli* (2-Conejo) se volverían alcohólicos, etcétera. El *tonalpohualli* dominaba todos los aspectos de la vida privada y pública. El mismo sistema se encuentra en todas las culturas de Mesoamérica, y su origen es por lo menos tan antiguo como la civilización olmeca.

Templos y centros ceremoniales

Los centros ceremoniales, como la ciudad santa construida en el corazón de México, en Tenochtitlán, comprendían principalmente templos *(teocalli)* o pirámides cuya plataforma terminal sostenía el santuario propiamente dicho. Algunos templos dedicados al dios del viento eran redondos. Otros edificios, los *calmécac*, servían de residencia a los sacerdotes, o eran colegios de enseñanza superior. Había, anexos al templo, unos terrenos destinados a los juegos de pelota rituales *(tlachtli)*, a las piedras de los sacrificios *(téchcatl)*, a los estantes para cráneos *(tzompantli)* y a los baños rituales *(temazcalli)*. Los diferentes barrios de la ciudad *(calpulli)* tenían sus propios templos, así como las cofradías de mercaderes o de artesanos.

Sacrificios humanos

El rasgo dominante del ritual mexicano desde los tiempos toltecas fue el sacrificio humano. Las víctimas eran o prisioneros de guerra, o esclavos comprados con ese fin. En ciertos casos, eran escogidos en una categoría particular (mujeres, jóvenes). La muerte por sacrificio se consideraba como una manera segura de alcanzar una vida eterna feliz. Por ello, era aceptada con estoicismo, o aun buscada voluntariamente. La víctima llevaba la vestimenta y los adornos del dios y era llamada *ixiptla*, "la imagen" del dios. Los sacerdotes colocaban a la víctima sobre la piedra de los sacrificios; uno de ellos le abría el pecho de un golpe con el cuchillo de pedernal y le arrancaba el corazón, que luego se quemaba en una urna de piedra *(cuauhxicalli)*. En ciertas ceremonias, las víctimas eran decapitadas, ahogadas o quemadas. Asimismo, por el ritual, se comía una parte de su carne. Al fin de cada ciclo de 52 años se celebraba una ceremonia de "ligadura de los años" en la cumbre de la montaña Huixachtécatl. Los sacerdotes encendían el "Fuego Nuevo" sobre el pecho de su víctima. La última renovación de ese fuego ocurrió en 1507.

Clero y ritos

El clero era sumamente numeroso. La mayoría de los sacerdotes procedían de familias nobles, pero también los hijos y las hijas de los "plebeyos" podían tener acceso al sacerdocio. Colocado bajo la autoridad de dos sumos sacerdotes, el *Mexícatl teohuatzin* se hallaba a la cabeza de todas las actividades religiosas de la ciudad y de las provincias, asistido por dos ayudantes, uno de ellos encargado del ritual y el otro de la educación. Los inmensos bienes de los templos eran administrados por un tesorero general. Cada divinidad tenía su propio colegio de sacerdotes; éstos, hombres o mujeres, permanecían solteros.

Una categoría especial de sacerdotes, los *tonalpouhque,* interpretaban los libros sagrados para predecir el futuro. Quienes los consultaban debían remunerarlos con ropas y alimentos. Las actividades del clero eran multiformes e incesantes, puesto que cada mes de 20 días estaba marcado por una fiesta, sacrificios, procesiones, ofrendas de flores, danzas y cantos dedicados a un dios particular o a un grupo de dioses. Había, además, ceremonias consagradas a ciertos días del calendario ritual y fiestas organizadas por diversas corporaciones; comerciantes, orfebres, plumajeros, salineros, porteadores de agua, curanderos y comadronas.

El clero no intervenía de manera directa en los asuntos del Estado, pero no cabe duda de que su influencia era extremadamente poderosa. Sacerdotes de alto rango pertenecían al cuerpo electoral que designaba a los soberanos.

Hechiceros

Los aztecas creían en la hechicería, y les causaba temor. Los hechiceros *(nahualli,* palabra que significa "disfraz"), supuestamente estaban dotados del poder de transformarse en animales como perros y búhos. Podían provocar la enfermedad y la muerte quemando una figurilla de madera que representara a la víctima designada para sus maleficios. Ciertos hechiceros abrían clandestinamente las tumbas de mujeres recién enterradas que habían muerto de parto (es decir, "mujeres divinizadas") y les cortaban el antebrazo izquierdo. En seguida se servían de él como de una varita mágica para adormecer a todos los miembros de una familia y apoderarse de sus bienes.

Los hechiceros, a los que también se llamaba "hombres búhos", preparaban sus pociones de amor con hierbas, así como bebidas envenenadas. Aunque la hechicería se castigaba con la muerte, hay pruebas de que su uso era extendido y de que los brujos a menudo obtenían presentes de gran valor de aquellos a cuyos enemigos habían hechizado.

Otras prácticas

Los miembros de dos profesiones estimadas e influyentes, los médicos y las comadronas, utilizaban profusamente ritos y fórmulas religiosas. Se pensaba que varias divinidades podían provocar las enfermedades o curarlas. Las enfermedades de la piel, las úlceras, la lepra, la hidropesía, eran atribuidas a Tláloc; las afecciones de los ojos a Xipe Tótec y las enfermedades venéreas a Xochipilli. Los curanderos dirigían sus plegarias a esos dioses. Además, se invocaba a divinidades especializadas: Ixtlilton para las enfermedades de los niños; las diosas Quato y Caxoch curaban los dolores de cabeza, y la diosa de la tierra protegía a las mujeres embarazadas y velaba sobre los baños de vapor *(temazcalli).*

Tanto para el diagnóstico como para el tratamiento, los médicos recurrían a la ingestión ceremonial de pociones alucinógenas y a ritos como quemar incienso o frotar con tabaco, pues esta planta era considerada como un ser vivo al que se dirigían plegarias.

LUGAR DE LA RELIGIÓN AZTECA EN LA AMÉRICA ANTIGUA

Mientras que el imperio azteca aportó a México un principio nuevo de unidad política, la religión siguió siendo una mezcla de creencias y de prácticas locales. Los sacerdotes trataron de introducir un poco de orden en el caos teológico de una religión que comprendía numerosos cultos y tradiciones diferentes. Así, se suponía que el gran dios del cielo, Tezcatlipoca, tomaba varias personalidades y nombres distintos. En tanto que "Tezcatlipoca Negro" seguía siendo la tradicional deidad septentrional de las estrellas de la noche, al "Rojo" se le identificaba con Xipe Tótec, y el "Azul" se convertía en el propio Huitzilopochtli. Entre los otros dioses, sólo Quetzalcóatl era considerado como hermano e igual de Tezcatlipoca; todas las demás deidades habían sido creadas por esos dos dioses hermanos.

El rey de Tezcoco, Nezahualcóyotl (1431-1472), había erigido un templo en forma de alta torre sin ninguna estatua ni ídolo, dedicado al "Dios Desconocido, Creador de Todas las Cosas". Esta deidad sin rostro y sin mito era llamada Ipalnemohuani ("Aquel por Quien Vivimos"). Pero es improbable que un concepto tan metafísico haya podido propagarse entre una población que permaneció fiel a las ideas y a los ritos locales y tradicionales.

La religión azteca no es más que una forma de la religión autóctona de Mesoamérica o, antes bien, del aspecto que tomó en una época reciente. Aun fuera de la zona azteca, por ejemplo entre los mayas de Yucatán, muchos mitos y prácticas como el sacrificio humano son claramente comparables a los del México central.

En contraste, la religión de los Andes, tal como se la observa en el imperio inca, es sensiblemente distinta. Si en un pasado remoto ciertos rasgos han podido ser comunes a los Andes y a México (por ejemplo el culto al felino), se han producido desarrollos diferentes a lo largo de muchos siglos. Es significativo que el calendario ritual, tan difundido por Mesoamérica, con su original combinación de 13 números y de 20 signos de días, no se encuentre en ninguna parte de la zona andina.

Texto original en inglés: "Aztec Religion." Traducido con autorización de la *Encyclopaedia Britannica*.® 1974 Encyclopaedia Britannica, Inc.

IV. DIOSES TERRESTRES Y DIOSES CELESTES EN LA ANTIGÜEDAD MEXICANA

ENTRE todas las religiones del México precolombino, la que mejor conocemos es la de los aztecas. Observada y descrita mientras aún estaba viva, e ilustrada por mil monumentos, esculturas, bajorrelieves y manuscritos iluminados, ha suscitado desde el siglo XVI hasta nuestros días una multitud de comentarios y estudios de parte de incontables cronistas indígenas o españoles y de sabios de todos los países. Los museos del mundo entero rebosan de estatuas divinas y de objetos sagrados, y las bibliotecas, de libros que tratan de las creencias, de los ritos y de los dioses de México. No es sorprendente que la religión azteca, es decir, el estado más reciente del fenómeno religioso en el México central, haya fascinado a los investigadores hasta el punto de relegar un poco a segundo plano a las formas más antiguas o a los hechos periféricos propios de las poblaciones no aztecas.

La abundancia misma de los documentos de que disponemos sobre esta fase tardía se interpone como una pantalla entre nuestra mirada y la larga historia de las religiones autóctonas. Y ello tanto más fácilmente cuanto que la religión azteca, con sus ritos sangrientos y dramáticos, sus especulaciones teológicas tan elaboradas, su panteón atestado y multicolor, la poesía conmovedora de sus himnos y la riqueza de las artes plásticas a las que ella inspiró, es muy capaz de cautivar los espíritus: la obra de un gran etnólogo como Eduard Seler está allí como testimonio.

Sin embargo dos fuentes, que desde luego no son nuevas, pero cuya importancia va en aumento con el desarrollo de las investigaciones, han venido a aportar hechos hasta hace poco aún ignorados o mal conocidos, y puntos de vista que no se habían tomado en cuenta. La arqueología ha hecho enormes progresos desde hace medio siglo; nos ha revelado la existencia y el desarrollo de las culturas que unos cuantos años atrás llamábamos "arcaicas" y que hoy calificamos, antes bien, de "preclásicas", como la gran civilización olmeca. La etnografía, dedicada a describir a los indios actuales, enriquece cada día nuestra visión, no sólo de lo que son, sino de lo que fueron sus predecesores.

Detrás del primer plano que nos ofrece la civilización azteca, con sus fuertes colores, hoy vemos delinearse, hundiéndose en el pasado, la sucesión de las civilizaciones anteriores: panorama a menudo brumoso, sin duda, pero que se va precisando y ensanchando. Asimismo, más allá de los límites del Valle central en que la tribu azteca vivió, durante dos siglos, su ascenso y su declinar, podemos discernir a los otros pueblos autóctonos que, recubiertos o dominados por ella, han contribuido a la elaboración de sus mitos o de su ritual.

Es, por tanto, a la vez en el tiempo y en el espacio donde debe efectuarse toda investigación que no sólo se proponga describir la religión azteca y analizar su disposición interna, sino también llegar hasta las raíces de los diversos elementos que la componen.

¿Por qué semejante investigación? Porque el estudio de esta religión, junto con el de la sociedad que ella expresaba, hace surgir una serie de contradicciones, de tensiones; lejos de aparecer como un todo armonioso y estático, equilibrado de una vez por todas, el fenómeno religioso tal como pudo ser observado en México-Tenochtitlán a principios del siglo XVI podría compararse, antes bien, con un crisol o una redoma o unos cuerpos en fusión que actuaran los unos sobre los otros, combinándose u oponiéndose. Citemos algunas de esas contradicciones, de esas tensiones.

El dios tribal azteca, "patrón" de Tenochtitlán, es el terrible Huitzilopochtli, divinidad solar y guerrera; y, sin embargo, en la cumbre del gran *teocalli* que domina desde su pirámide aguda la capital imperial, su santuario está emparejado con otro, el del viejo y apacible Tláloc, deidad campesina de la lluvia y de las cosechas.

Casi no hay "mes" (de 20 días) que no esté marcado por sacrificios humanos; y, sin embargo, Quetzalcóatl, la "Serpiente Emplumada", divinidad que goza de gran veneración, ha encarnado en el remoto pasado tolteca en la forma de un rey-sacerdote sabio y piadoso que prohibía esos ritos sangrientos.

Tezcatlipoca, el dios nocturno de la Osa Mayor, protector de los jóvenes guerreros, preside la educación de los futuros ciudadanos-soldados en los *telpochcalli* ("casas de jóvenes"); pero la educación más elevada, la que prepara a los dignatarios y a los sacerdotes, se da en los *calmécac* (colegios-monasterios) bajo la invocación de Quetzalcóatl. La literatura de la época no nos deja la menor duda de que esos dos sistemas de educación eran, en muchos aspectos, absolutamente antitéticos. Esta oposición llegaba, en ciertos casos, hasta la hostilidad abierta.

Pocas sociedades se han mostrado tan austeras en la vida sexual como la de México; y, sin embargo, vemos entronizada en su panteón, en lugar de honor, a la lujuriosa diosa Tlazoltéotl.

Dedicados a la guerra sagrada, los aztecas han creído en la inmortalidad de los guerreros caídos en combate o en sacrificio: inmortalidad celestial y solar en la alegría luminosa de la mañana y del mediodía. Al mismo tiempo, han adoptado el mito de otra inmortalidad, la que confiere el dios de las lluvias a todo el que recibe en el jardín eterno, de frondas siempre verdes.

El Occidente, morada del declinar en que desaparece el Sol, "Águila que Cae", es el lado sombrío del mundo; pero también es el *Cihuatlampa*, "el lado femenino", donde reinan las diosas madres de la tierra, que dan la vida a los jóvenes dioses del maíz y, por medio de ellos, a todos los hombres.

Los hechos que acabamos de mencionar y otros análogos permiten suponer que la religión azteca, conjunto complejo e inestable, era, en el momento en que la conocieron los europeos, el punto de desenlace de tradiciones diversas cuya síntesis no se había operado. Las observaciones siguientes no buscan sino llamar la atención sobre algunos de esos elementos y sobre sus orígenes.

Casi no sabemos nada de la religión de los pueblos preclásicos, o sea de los primeros agricultores que han cultivado el maíz y vivido en aldeas a partir del tercer milenio antes de nuestra era. Que celebraron ritos funerarios es algo que demuestran sus tumbas, donde los difuntos estaban rodeados de ofrendas. Su arte plástico abunda en representaciones antropomorfas, en figurillas dotadas de atributos, de ornamentos, de tocados muy diversos. ¿Corres-

ponden algunos de esos objetos a divinidades? Imposible saberlo.
Si acaso, dos tipos de figurillas parecen evocar una representación
de lo sagrado: se trata, por una parte, de estatuillas femeninas
esteatopígicas que pudieron estar relacionadas con un culto a la
fertilidad, y, por la otra, de figurillas bicéfalas de las que se puede
suponer que reflejan una creencia relativa a la dualidad de las cosas, idea que más adelante había de difundirse por todo México.
También se conoce una especie de máscara de terracota, una de
cuyas mitades representa los rasgos de un rostro vivo y la otra un
rostro esquelético. También esta asociación íntima de la vida y de
la muerte llegaría a ser una idea familiar no sólo entre los aztecas,
sino también entre otros indios, por ejemplo los huastecos, como
lo demuestra una magnífica estatua con dos caras (una de esqueleto) proveniente de Chilitujú, hoy en el museo de Brooklyn.

Esos escasos indicios evidentemente no permiten reconstruir lo
que haya podido ser el pensamiento religioso de esos aldeanos
preclásicos. Su arte, en conjunto, ha sido siempre singularmente
pobre en símbolos. Es notable que el arte del Noroeste de México,
que descendiendo directamente del suyo se ha prolongado y extendido desde Michoacán hasta Nayarit, presente las mismas
características: lleno de vivacidad y de vigor, y representando con
profusión hombres, animales, plantas y escenas de la vida cotidiana, aparece libre de toda preocupación metafísica, aun cuando fue contemporáneo de las grandes civilizaciones teocráticas.

Los dos o tres siglos anteriores a nuestra era manifiestan a este
respecto el principio de un cambio. En esta época se puede datar
la primera representación divina identificable como tal descubierta en el altiplano central: una estatuilla cuyos rasgos y atributos simbólicos evocan al viejo dios del fuego tal como debía ser
representado en el curso de los siglos siguientes. Tampoco es imposible interpretar esta estatuilla como representación, no de esta
divinidad, sino de uno de los pequeños dioses de las montañas y
de la lluvia. Sea lo que fuere, se trata de divinidades muy antiguas, que luego se encontrarán hasta entre los aztecas.

La fase más tardía de la época preclásica ha sido marcada por
un gran auge de la vida religiosa: de otra manera ¿cómo explicar

la construcción de la primera pirámide conocida, la de Cuicuilco? Aunque de una técnica todavía rudimentaria, intermedia entre el túmulo y la pirámide propiamente dicha, ese monumento, al que rodeaban unas tumbas simétricamente dispuestas y coronaba un santuario, sólo pudo ser construido gracias a los esfuerzos coordinados de una población numerosa encuadrada por una jerarquía sacerdotal.

Por fin, esta última fase de la cultura aldeana es contemporánea de un fenómeno histórico de importancia capital: el periodo de formación y el comienzo de la primera (conocida) de las grandes civilizaciones autóctonas, la olmeca. El centro de los olmecas parece haber sido la zona tropical húmeda de la costa del Golfo, en el sur del actual estado de Veracruz y en Tabasco, especialmente en La Venta. Desde allí, su influencia se irradió hasta el altiplano central (estatuilla olmeca encontrada en Tlatilco), la vertiente occidental (Morelos, Guerrero), el valle de Oaxaca (bajorrelieves de "Danzantes" de Monte Albán), Chiapas y una parte de la América Central.*

Con ellos surgen los rasgos esenciales de las grandes civilizaciones mexicanas: los centros urbanos, con sus complejos de pirámides, de estelas y de altares esculpidos; la cronología y la notación de las fechas (estela de Tres Zapotes, estatuilla de Tuxtla); en fin, un simbolismo religioso en expansión que domina enteramente el arte, el bajorrelieve y el cincelado.

Ignoramos quiénes eran esos olmecas, de dónde venían, qué lenguaje hablaban. Acaso haya que considerarlos como premayas, o aun, hipótesis que la anterior no excluye, como el origen o uno de los orígenes de los pueblos civilizados de la zona costera que después se llamaron totonacas, "los de tierra caliente". Lo que en todo caso es seguro, y se halla atestiguado por sus esculturas, sus altares, sus maravillosas estatuillas de jade, es que su religión tenía por base el culto a un dios felino. En ocasiones en forma de jaguar, como el que representa una bellísima figurilla de

---

* Esta parte del artículo, escrito en 1966, ha sido modificada para tomar en cuenta los más recientes descubrimientos arqueológicos.

jade de la Colección Bliss, de Washington; en otras, y más frecuentemente, como hombre-jaguar, caracterizado por una gran
boca de labios gruesos y comisuras caídas, se muestra a veces en la
forma de un adulto, a veces en la de un niño, de un "bebé".
Hombres-jaguares de tocados suntuosos llevan en brazos a bebés-
felinos; en cierto caso, el dios (o un sacerdote) parece salir de la
masa del altar como de una caverna, portando a un niño.
El culto al felino ha desempeñado un papel de primera importancia en la antigüedad peruana, donde inspiró el arte de Chavín
de Huantar, y no se puede dejar de notar la similitud de las representaciones felinas de Chavín con la de la estela descubierta en
México en Placeres del Oro, Guerrero. Se supone generalmente
que el dios-felino del Perú simbolizaba las fuerzas de la naturaleza. El estilo olmeca, muy original, es bastante distinto del de
Chavín, pero es posible que el culto al jaguar haya tenido el mismo significado. En la época histórica, el dios-jaguar del México
azteca era conocido con el nombre de Tepeyóllotl, "el Corazón de
la Montaña"; era una divinidad secundaria, personificación de las
profundidades de la tierra, de las fuerzas telúricas.
    Lo poco que sabemos de los olmecas casi no nos permite sacar
conclusiones. Si acaso puede suponerse que el culto al felino estaba en relación con la tierra; el bebé con rasgos de jaguar pudo haber simbolizado la fertilidad, el nacimiento de la vegetación, las
plantas jóvenes, el maíz tierno. Las representaciones de niños son
muy escasas en el arte mexicano fuera del arte olmeca; pero una
célebre estatua azteca representa a una diosa terrestre en el momento en que da a luz al dios del maíz, y la planta alimenticia
siempre es asimilada, si no a un niño, al menos a un adolescente,
tanto entre los mayas como entre los indios del centro.

La gran civilización clásica de Teotihuacán, que se desarrolla
sobre el altiplano entre los siglos III y VIII de nuestra era, puede
considerarse como el modelo más acabado de una teocracia agrícola y pacífica. Sus pirámides y sus templos, sus inmuebles de ha-
bitación, sus pinturas murales, su cerámica refinada, el arte de

la estatuaria y de la máscara de piedra dura nos permiten rastrear el cuadro de una sociedad cuya base estaba constituida por la masa rural, encuadrada y dirigida por una aristocracia sacerdotal. Nada de representaciones guerreras; las escenas rituales describen ofrendas de piezas de jade, de plumas, de incienso y de goma de caucho. No hay ningún rastro de sacrificios humanos.

Las fuentes indígenas recientes casi no nos informan sobre el origen étnico ni sobre el lenguaje de los constructores de Teotihuacán. Para los aztecas, la ciudad había sido edificada por los propios dioses en el comienzo del mundo. Pero entre los totonacas de la zona costera existía una tradición según la cual sus antepasados habían construido las grandes pirámides de Teotihuacán. Ahora bien, pueden notarse analogías sorprendentes entre el arte de esta ciudad y el de la región del Golfo: motivos decorativos "con volutas", estilización de la mariposa, por ejemplo. Los frescos de Teotihuacán son ricos en representaciones de plantas tropicales y de pájaros desconocidos en el altiplano subdesértico, a más de 2 000 metros por encima del nivel del mar: el cacao, el hule ("olmecas" significa "pueblo del país del hule") o el quetzal, pájaro de magníficas plumas verdes.

Es lícito suponer que la civilización teotihuacana fue elaborada por una aristocracia originaria de la zona tropical, sobrepuesta al campesinado del altiplano central. Su religión pudo formarse por la combinación de las concepciones y del ritual importados de la Tierra Caliente, con las creencias y las tradiciones de los agricultores autóctonos.

Hermann Beyer ha llamado nuestra atención sobre las divinidades obesas y mofletudas, representadas por figurillas de terracota, que se encuentran a la vez en la región costera y en Teotihuacán. ¿Simbolizan la abundancia, la prosperidad? No dejan de recordar a los bebés olmecas, también ellos mofletudos, y a las enormes cabezas monolíticas de La Venta, a menudo interpretadas como correspondientes a un tipo étnico negroide, pero que más sencillamente, pueden representar a una deidad adiposa.

En cuanto al jaguar, que desempeña un papel tan importante entre los olmecas, todavía aparece en Teotihuacán en ciertos frescos, asociado a menudo con caracoles, símbolos del agua y de la naturaleza.

Una plaqueta de ónix de factura indiscutiblemente teotihuacana proveniente de Ixtapaluca, Chalco, representa a una diosa cuya cabeza está adornada con una cimera, las fauces de una serpiente fantástica, y que lleva en el pecho una inscripción jeroglífica compuesta de una cifra y un signo. La cifra, escrita por medio de una barra y de puntos, a la manera de los mayas y de los zapotecas, corresponde al número siete. El signo es análogo al que se conoce en las inscripciones de Monte Albán con el nombre de "ojo de serpiente". Es claro que se trata del nombre de la diosa "Siete-Ojo de Serpiente", o quizás, si el ojo del reptil tiene por función evocar el conjunto del animal (como la oreja del perro o del jaguar, o la cornamenta del ciervo en algunos manuscritos), "Siete-Serpiente". Ahora bien, tal es el nombre de la diosa de la agricultura, la protectora del maíz, la Chicomecóatl de la época azteca.

El Museo Nacional de Antropología e Historia de México posee una enorme estatua monolítica de estilo muy arcaico, que fue llevada de Teotihuacán por el arqueólogo mexicano Leopoldo Batres. Se la designa en general como "diosa del agua", aunque esta apelación haya sido muy discutida. Sin embargo, el examen de sus ornamentos hace pensar que esta atribución bien pudiera ser exacta: en efecto, la falda de la diosa está bordeada por una franja compuesta de pequeñas volutas muy semejantes a las que servían, en la época histórica reciente, para escribir el signo *atl*, "agua", y que decoran la vestimenta de la diosa azteca de la lluvia y de las aguas dulces, Chalchiuhtlicue.

Los bajorrelieves y las esculturas en relieve redondeado que decoran las paredes del conjunto piramidal de la "Ciudadela" de Teotihuacán representan a dos deidades asociadas: una serpiente emplumada y un dios con el rostro enmascarado, los ojos rodeados por grandes círculos y la mandíbula armada de ganchos. Se reconoce allí, respectivamente, a la "Serpiente Emplumada", Quetzalcóatl y a Tláloc, el dios de la lluvia. Pero en realidad, nada nos autoriza a darles esos nombres, tomados de la lengua náhuatl, de la que el azteca es un dialecto, y menos aún a dotarlos *a priori* de los atributos y de las funciones que distinguieron a esas divinidades durante la fase tardía.

Los bajorrelieves de la "Ciudadela" muestran a la serpiente rodeada de conchas; su cuerpo está adornado con una decoración ondulada que evoca un curso de agua, mientras que su cabeza surge de un collar de plumas. Así pues, es legítimo pensar que la serpiente emplumada corresponda aquí a un dios del agua y de la vegetación exuberante; nada en ese simbolismo recuerda la significación astral que después se dará a Quetzalcóatl. La serpiente con plumas (verdes, como el agua) significa la abundancia de plantas, la fuerza vegetativa de la naturaleza. Se encuentra un eco de esta concepción terrestre de la serpiente emplumada en un pasaje del himno azteca *Xipe Tótec icuic:* "La Serpiente Emplumada ha remplazado a la Serpiente de Fuego", es decir: "La abundancia vegetal [debida a las primeras lluvias] ha triunfado sobre la sequía." El *quetzalcóatl* es opuesto aquí a la *xiuhcóatl,* serpiente de fuego, atributo del dios solar.

El dios del agua y de la lluvia está representado, en Teotihuacán, no sólo por las esculturas antes mencionadas, sino por una estela muy estilizada conocida con el nombre de "Cruz de Teotihuacán" (actualmente en el Museo del Hombre de París), sobre los frescos de Tepantitla. Allí se le ha consagrado un conjunto magnífico de pinturas murales. Majestuoso, con el rostro cubierto, tocado con una alta cimera que representa al quetzal, se eleva por encima de las aguas y deja caer simientes y piezas de jade, símbolos de abundancia, sobre sus fieles. Otro panel pinta en colores vivos y claros la alegría de los bienaventurados recibidos en su paraíso: cantando (de sus bocas salen volutas), reposando, jugando, bañándose a la sombra de unos árboles tropicales, disfrutan de la despreocupación eterna que su dios les ha dado.

Cuando los sacerdotes-artistas de Teotihuacán han querido representar el otro mundo, no han pintado un paraíso celeste y astral, ni un Hades tenebroso y frío, sino ese jardín siempre verde y húmedo, idealización de la naturaleza tropical de la Tierra Caliente, que los aztecas, 1000 años después, llamarán *Tlalocan.* Pero mientras que para los aztecas el *Tlalocan* no era más que una posibilidad entre otras de la "vida después de la muerte", parece que en Teotihuacán no se imaginó ninguna otra.

A las grandes civilizaciones teocráticas del primer milenio: Teotihuacán, Monte Albán, la cultura maya clásica, no les han faltado relaciones y contactos, como lo demuestran las analogías de sus artes y de sus sistemas de escritura y de computación del tiempo. Algunos objetos han llegado muy lejos, y también, sin duda, algunas ideas. Se ha encontrado en Tikal, en una tumba, un cuenco de cerámica de origen teotihuacano, precisamente decorado con el rostro estilizado del dios de la lluvia. El que designamos con su nombre náhuatl de Tláloc era adorado por los mayas con el nombre de Chac, y por los zapotecas de Oaxaca con el de Cocijo. Entre los mayas, lleva una máscara de nariz larga y de ancha mandíbula erizada de ganchos, que ha llegado a ser uno de los motivos más frecuentemente repetidos en la decoración de las fachadas en Yucatán. En Oaxaca, su rostro también enmascarado se encuentra reproducido en las urnas funerarias características del arte zapoteca. Con nombres diversos y apariencias ligeramente distintas, "Tláloc" —llamémoslo así— ha podido quedarse, pues, entre los grandes dioses desde el altiplano central hasta Yucatán durante más de 1 000 años. Ixtlilxóchitl afirma que ya era adorado por los Gigantes, es decir, los habitantes fabulosos de México en el pasado más remoto. Y aún hoy, ¿no es a él a quien los indios llevan a la cumbre de los montes, donde reside, sus humildes ofrendas?

Si comparamos lo que sabemos de las religiones olmeca y teotihuacana, tomando a la segunda como tipo de la religión de la época clásica, veremos que el hombre-jaguar y el bebé-felino han desaparecido. El jaguar sigue presente, y asociado con las conchas, símbolos del agua. En cuanto a los dioses obesos y mofletudos (¿de la fecundidad?), desaparecerán a su vez con la civilización clásica. El hecho de que sólo se les haya vuelto a encontrar en forma de pequeñas figurillas, y no sobre los frescos y los bajorrelieves, puede significar que ya habían sido relegados a un plano secundario.

La "Serpiente Emplumada", el dios de la lluvia y las diosas de la vegetación y del agua dominan el panteón. A su lado se ve reaparecer al dios del fuego, ya presente en la fase terminal de la época preclásica, reconocible por su rostro estriado de arrugas y por el incensario que lleva sobre la cabeza. La divinidad que los aztecas, 1 000 años después, llamarán Huehuetéotl, el "Dios Viejo" por excelencia, también se encuentra en la fase tardía de la civilización olmeca (Cerro de Las Mesas) y entre los zapotecas de Oaxaca. Es el dios del hogar doméstico, del centro de la casa y del centro del mundo y, por tanto, de la quinta dirección del espacio por oposición a los cuatro puntos cardinales. Nada hay en su personalidad que revele un carácter astral.

La gran brecha entre las civilizaciones clásicas, teocráticas, y las que las sucedieron se sitúa entre el siglo VII y el X, según las regiones. Por razones que no es posible analizar aquí, las ciudades clásicas dejan de funcionar en tanto que centros ceremoniales, la creación artística se extingue, las oligarquías sacerdotales pierden su poder y se dispersan. Durante varios siglos, esas ciudades habían dominado el paisaje y organizado la vida de los hombres; su decadencia restablece las condiciones preclásicas de existencia. La unidad social vuelve a ser la aldea. No hay duda de que entonces la religión se reduce a un conjunto de ritos sencillos, esencialmente agrarios, como los que hoy se pueden observar entre los mayas no cristianizados, los lacandones de Chiapas.

Quizá sea a esta época de transición y de retorno a la cultura rudimentaria de los campesinos a la que se remonte la cristalización de un mito, el de la pareja divina primordial. Los otomíes, muy antiguo pueblo de agricultores toscos y tradicionalistas, que probablemente ocupaban ya el altiplano central en la época de Teotihuacán, conservaron su religión particular hasta la conquista española. Si bien habían adoptado divinidades no otomíes, tomadas de sus vecinos, de los que eran tributarios, permanecían fieles al culto de la pareja primordial, el "Viejo Padre" y la "Vieja Madre".

El "Viejo Padre" es un dios del fuego, el Huehuetéotl azteca. Es significativo que los aztecas hayan adorado a ese dios con el nombre de Otontecuhtli, "Señor Otomí". Su fiesta se celebraba durante el décimo mes del año ritual, *Xócotl huetzi*, "Xócotl cae": una efigie del dios, llamado también Xócotl, nombre del dios de la tribu mazahua, pariente cercana de la otomí, era elevada a la cúspide de una especie de cucaña, de la que se le hacía caer. En cuanto a la "Vieja Madre", es una diosa terrestre, la divinidad de la tierra que nos alimenta. Los otomíes celebraban en su honor la fiesta de *Anthaxmé*, "la galleta de maíz blanco", o sea el maíz nuevo, las primicias de la cosecha. Se puede recordar al respecto que los pames, otra tribu de la familia otomí, celebraban antes de la cosecha el rito del "campo virgen", antes del cual nadie podía tocar las mazorcas.

Es interesante notar que esta diosa terrestre era también una diosa lunar: ahora bien, éste es un rasgo constante de las diosas terrestres de México, incluso entre los aztecas. El término otomí *Tzinânâ*, "Madre Venerada", designa aún hoy a la luna y, asimismo, a la Virgen de Guadalupe, avatar moderno de la Tonantzin azteca de Tepeyacac, diosa a la vez terrestre y lunar.

Los mazahuas, que hablaban un dialecto apenas diferenciado del otomí y que, en la alta meseta de Toluca, eran vecinos de los otomíes, fueron conocidos en la antigüedad precolombina por el rito de fertilidad que celebraban sus mujeres: éstas, provistas de sonajas, cuyo ruido simbolizaba y llamaba a la lluvia, danzaban para fecundar el suelo. Ahora bien, ésta es una actitud característica de las diosas madres del panteón azteca. En el himno de Cihuacóatl se dice que la diosa, en el campo divino *(teomilco)*, se apoya en una coa, instrumento de labranza, provista de una sonaja *(chicahuaztli)*. Se dice también que lleva en la mano una escoba de hierbas con la cual barre el suelo para preparar el camino a los jóvenes dioses de la vegetación. Esta idea no era desconocida de los otomíes, que celebraban la fiesta *Ambaxi* (barredora) con la misma intención. En cuanto a las mujeres mazahua, yo mismo he podido verlas hace unos 30 años bailar en Atlacomulco con su coa y su sonaja como lo habían hecho siglos antes.

El tema mítico de la antigua pareja primordial vuelve a encontrarse entre los aztecas: Ometecuhtli y Omecíhuatl, el "Señor y la Señora de la Dualidad", reinan en la cumbre del mundo, mas, por así decirlo, no gobiernan. Han sido eclipsados por la multitud abigarrada de los dioses más jóvenes. Pero los indios de Nicaragua, tribu nahua que había salido de México entre el siglo X y el XII, conservaron una idea mucho más clara de esas personalidades divinas. Oviedo cuenta que, cuando el padre Bobadilla inteterrogó a esos indios en Teomega, le respondieron que todo, el universo y los hombres, había sido creado por la "Pareja Primordial".

Resulta tentador identificar a la pareja "Viejo Padre, Vieja Madre" o "Fuego-Tierra", con la pareja "Sol-Tierra", tan frecuentemente mencionada en las invocaciones aztecas: *intonan intota tlaltecuhtli tonatiuh,* "nuestra madre y nuestro padre, la tierra y el sol". Pero ello sería olvidar que el fuego, tal como fue adorado desde la antigüedad remota en la forma del "Dios Viejo", no es el sol. Es un fuego terrestre y no celestial.

El diccionario otomí del siglo XVII conservado en la Biblioteca Nacional de México menciona a un dios, Muyé, que reside en las montañas. Se trata, evidentemente, del "Señor *(Hmû)* de la Lluvia *(Yê)*", dicho de otro modo, de "Tláloc", ya conocido en Teotihuacán.

Si consideramos la religión de los otomíes y la de los pueblos emparentados con ellos como representativa de la tradición campesina tal como subsistió después del desplome de las civilizaciones clásicas, veremos que se trata de una religión esencialmente agraria. El único astro que puede contarse entre el conglomerado de los dioses es la luna. Pero está mucho más ligada a la tierra que al mundo celeste. En todo tiempo y por doquier, las fases de la luna han llamado la atención de los pueblos de agricultores, que han visto en ellas una relación con las fluctuaciones del tiempo y con el crecimiento de la vegetación. Parece, por lo demás, que un calendario lunar precedió, entre los otomíes y quizás entre otros indios cultivadores, al calendario típicamente mexicano y maya, fundado sobre la división del año en 18 meses de 20 días, además de cinco días suplementarios.

Fue en el corazón del país otomí, y sobre el emplazamiento de un barrio cuyo nombre nos ha conservado la tradición, Mamênhi, donde un pueblo de inmigrantes llegados del Norte instaló su capital en el año 856. La ciudad nueva fue llamada Tollan, "lugar de cañas", o Tula. Con su fundación aparece por vez primera en la historia la familia lingüística uto-azteca, a la que pertenecen claramente los huicholes del noroeste de México y los nahuas, cuya área de dispersión cubre el centro de México de un océano al otro y se extiende hasta El Salvador y Nicaragua. Es sabido que los aztecas sólo fueron la última de las tribus de esta familia que penetraron en el centro de México.

Los habitantes de Tula, los toltecas, procedían, pues, del Norte, de esos inmensos desiertos de cactos y de mimosas donde erraban tribus nómadas de cazadores y guerreros. Esos desiertos han desempeñado el papel de inagotable reserva de tribus belicosas, dispuestas a lanzarse sobre los ricos valles centrales, un poco como la Germania de la Antigüedad respecto de la cuenca mediterránea.

A través del velo de las leyendas se puede reconstituir la historia de Tula, que parece dividirse en tres fases: un periodo teocrático (856-947), durante el cual los inmigrantes se integran más o menos a lo que ha sobrevivido de la civilización teotihuacana; una fase de disturbios y de guerra civil (947-999), que termina con la derrota del "partido teocrático", con la liquidación de las estructuras sociales y religiosas heredadas de la edad clásica y con el nacimiento de una civilización nueva fundada sobre la religión astral de los nahuas; y, en fin, una fase de apogeo, de declinar de esta civilización hasta la caída de Tula en 1168 y, al cabo de algunos años, de dispersión, hasta el suicidio del último rey tolteca, Huémac, en 1174.

Los relatos tradicionales relativos a Tula se sitúan simultáneamente sobre dos planos: el de la historia y el del mito. Es bastante difícil desenredar lo que corresponde al uno y lo que desciende del otro. Al drama humano que se representa en la tierra se sobrepone e imbrica el drama cósmico que opone a los dioses.

El último rey-sacerdote de Tula llevaba el nombre de Topiltzin Ce Ácatl Quetzalcóatl: "Nuestro Señor, 1-Caña (fecha de su nacimiento, 947), Serpiente Emplumada." Reinaba sobre los toltecas sin mostrarse en público, pero meditaba en los cuatro palacios que había hecho construir. Se le daba el título de sacerdote. Ofrecía a los dioses su propia sangre, pájaros, serpientes y mariposas. Invocaba a la "Pareja Primordial" que, con el dios de la lluvia, dominaba entonces la religión. Todas las fuentes tradicionales insisten en el hecho de que aborrecía y prohibía terminantemente los sacrificios humanos. Según los *Anales de Cuauhtitlán*, se negó a sacrificar hombres a los "demonios" (es decir, a los dioses alógenos de los inmigrantes), y de allí la cólera de éstos, la lucha que entablaron contra él y el desastre que de ello resultó.

La época en que Topiltzin reinó es descrita como una edad de oro: abundancia de cosechas, dimensiones extraordinarias de las plantas cultivadas, riquezas y tesoros de los toltecas, esplendor del arte. Las plantas y las aves de las regiones tropicales desempeñan un gran papel en esta Tula de la fase teocrática, como en Teotihuacán, y se dice expresamente que esas plantas y esas aves desaparecieron cuando Quetzalcóatl tuvo que huir.

La fase revolucionaria que terminó con la derrota de la "Serpiente Emplumada" se presenta como la lucha de Tezcatlipoca contra Quetzalcóatl, es decir, de los dioses nuevos contra los antiguos, de la nueva sociedad tribal contra la aristocracia sacerdotal y su forma de civilización. Tezcatlipoca es el dios de la Osa Mayor, del cielo y del viento nocturno. Se le llama Yáotl, "el Guerrero". Recurre, como brujo que es, a estratagemas diabólicas, a maleficios que socavan la autoridad de Quetzalcóatl, perturbando su conciencia. Atrae a los toltecas a emboscadas mágicas, donde sucumben en masa. Provoca la división, suscita y atiza los odios. Finalmente, vencido, el rey-sacerdote huyó a Tula.

Según algunas fuentes, Quetzalcóatl y su séquito (se rodeaba de pajes enanos, que son los pequeños dioses de las montañas, de la lluvia y del viento) hablaban un lenguaje particular que no era el náhuatl. A medida que nuevas oleadas de nahuas entraban en el país, la autoridad de esta clase superior (sobreviviente de Teotihuacán) se volvía más precaria. Tezcatlipoca simboliza no sólo la nueva religión astral, sino a los pueblos del norte que la importaron.

Debido a que la fuga de la "Serpiente Emplumada" se interpretó como la caída del régimen teocrático, a partir del año 1-Caña, 999, comenzó a instaurarse un orden nuevo. Parece que los sacrificios humanos sólo empezaron a practicarse poco a poco, al menos en cuanto hace a su forma masiva: en el año 13-Caña, 1115, según los *Anales de Cuauhtitlán.*

La arquitectura y la escultura de Tula, tal como las revelan las investigaciones arqueológicas, dan testimonio de lo profundo del trastorno ocurrido alrededor del año 1 000. Cierto, los toltecas han conservado, de la herencia de Teotihuacán, la pirámide, el bajorrelieve, la pintura mural. Pero es un panorama espiritual enteramente nuevo el que se ofrece a nuestros ojos. El templo principal está consagrado a un astro, la "Estrella de la Mañana". En los bajorrelieves abundan las escenas sacrificiales. Teorías de águilas y jaguares devoran corazones humanos. Las cariátides representan a guerreros adornados con símbolos solares bajo las armas y coronados de plumas rígidas. Todo está dominado por los astros, la guerra cósmica, el sacrificio sangriento. ¡Qué lejos estamos del apacible dios de las lluvias y de las plantas que, en Teotihuacán, presidía los goces eternos de su paraíso!

Al mismo tiempo, el arquitecto tolteca refleja los usos y las exigencias de una sociedad con estructuras nuevas. Inmensas salas hipóstilas, en Tula y en la ciudad maya-tolteca de Chichén-Itzá, se prestan a las asambleas de guerreros, pues es una clase militar numerosa, y ya no una oligarquía sacerdotal, la que ejerce el poder. Esta clase coloca a la cabeza de la ciudad a un rey que no es un sacerdote, sino un guerrero.

Parecería lógico que, vencido, Quetzalcóatl hubiese desaparecido del pensamiento religioso y del arte. Sin embargo, fue lo contrario lo que ocurrió: las columnas del santuario principal son en forma de serpientes emplumadas; cuando los toltecas emigren hacia el Sur, a Cholula y a Yucatán, se llevarán e implantarán el culto a la "Serpiente Emplumada", que de 1000 a 1200 dominará la vida ritual y artística de Chichén-Itzá. Sobre el altiplano central, el mito y el culto de Quetzalcóatl pasarán de los toltecas a las tribus que llegan a instalarse en el valle y a los propios aztecas.

Sí, Quetzalcóatl ha sobrevivido a la derrota de su doble humano, el Quetzalcóatl histórico, rey-sacerdote. Pero es un Quetzalcóatl enteramente nuevo, que casi no tiene más que el nombre y la apariencia en común con el de la época clásica. Se ha convertido en un dios astral: el planeta Venus. Pasando de la tierra al cielo, se ha hecho guerrero y flechador como las otras divinidades astrales de los nahuas, como el Tonoami de los huicholes, dios de la estrella matutina y de la caza.

No cabe duda de que los nahuas, deseosos de consolidar su victoria, han "vertido vino nuevo en odres viejos". Han concebido un sincretismo en el cual el nombre venerado de Quetzalcóatl se ha conservado para recibir ideas enteramente nuevas. Esta tendencia al sincretismo, a la síntesis, vuelve a encontrarse en toda la historia de las religiones mexicanas posclásicas.

Transformado en dios astral, Quetzalcóatl estará en adelante rodeado de una rica aureola mística. "Estrella de la Mañana" y "Estrella de la Tarde", desaparece bajo la tierra en el país de los muertos (Mictlan) para resucitar. Roba al siniestro dios subterráneo los huesos de los antiguos muertos, los riega con su sangre y crea así a los hombres de nuestro mundo. "Inventa" el maíz y lo regala a sus creaturas. Lo acompaña un "doble", Xólotl, pequeño dios con cabeza de perro, que se hunde con él en las tinieblas de los "Nueve Infiernos"; por ello se enterraba o se quemaba a un perro con los difuntos.

El dios del planeta Venus es un flechador, como su equivalente huichol. Con este aspecto de cazador maléfico, atraviesa con sus flechas a ciertas categorías de humanos en determinadas fechas, por ejemplo a los ancianos bajo el signo 1-Cocodrilo, a los jóvenes bajo el signo 1-Movimiento. Sus flechas atacan aun al agua y a la lluvia bajo los signos 1-Agua y 1-Lluvia, lo que provoca la sequía. Así, la "Serpiente Emplumada" de la época clásica, benéfica divinidad terrestre, se ha transformado, bajo uno de sus aspectos, en la temible deidad de la sequía y del hambre.

Pero no quedan allí los avatares de Quetzalcóatl. Tocado con un bonete cónico y con el rostro cubierto por una máscara de doble pico, se identifica con el dios del viento, Edàhi entre los

otomíes, Ehécatl entre los nahuas. Su tocado es típicamente huasteco; sus templos, en tanto que dios del viento, son de forma circu-
lar (subsiste uno en Calixtlahuaca); ahora bien, los templos redondos son frecuentes entre los huastecos. Mucho habría que decir
sobre esta tribu del Nordeste, rama de la familia maya, y sobre el
papel que ha podido desempeñar en relación con la civilización tolteca. Uno de los episodios del drama que enfrentó a Quetzalcóatl
y a los dioses nuevos tiene por personaje central a Tezcatlipoca
disfrazado de huasteco. La tradición señala la entrada en Tula,
después de la caída del antiguo régimen, del culto huasteco de las
Ixcuinanme, diosas del amor carnal.

La metamorfosis de Quetzalcóatl en dios de la "Estrella de la
Mañana" ofrece un ejemplo notable de lo que se podría llamar
la "astralización" de las figuras divinas de la antigüedad mexicana. Portadores de una religión esencialmente astral, los pueblos no cultivadores, cazadores y guerreros, provenientes del
Norte, ora impusieron sus propios dioses, ora remodelaron los de
las poblaciones sedentarias y agrícolas.

Idéntica "astralización" ocurre con el jaguar. El viejo dios olmeca de la tierra es asimilado, a partir de la época tolteca, al
cielo estrellado de la noche (cielo moteado como el pelaje del felino) y, por tanto, a Tezcatlipoca. Se convierte por ello en el
"disfraz", *nahualli*, en el doble animal del dios, como el águila es
el *nahualli* del sol. Por tanto, habrá en Tenochtitlán dos presti-
giadas órdenes militares: la de los "caballeros águilas", soldados
del sol, y la de los "caballeros jaguares", combatientes del cielo
nocturno; los primeros descienden de Huitzilopochtli, los segundos de Tezcatlipoca.

El término de *chichimecas* (bárbaros) designaba en náhuatl a todas las tribus cuyo modo de vida giraba en torno a la caza y a la
recolección. Tal había sido el modo de vida de las tribus que llegaron a instalarse en el altiplano central, incluidos los aztecas.

La religión de esos pueblos no incluía, evidentemente, ni mitos, ni ritos agrarios. Sus divinidades eran, ante todo, cazadoras y

guerreras como ellos mismos, y se identificaban con los astros. Tezcatlipoca era el símbolo del cielo nocturno estrellado y más particularmente de la Osa Mayor. La Vía Láctea estaba personificada con el nombre de Mixcóatl, "Serpiente de Nubes", dios de la caza, con sus múltiples reflejos, los Centzon Mimixcoa, las "Cuatrocientas [innumerables] Serpientes de Nubes", estrellas del cielo septentrional.

En la época azteca, Mixcóatl figuraba entre los grandes dioses de Tenochtitlán: se celebraban en su honor las ceremonias del mes *Quecholli,* en el curso de las cuales se organizaba una batida sobre la montaña de Zacatepec y se fabricaban flechas. La "flecha de punta espinosa", *tzihuaquímitl,* y el "zurrón de redecilla", *matlahuacalli,* son los atributos de Mixcóatl en tanto que dios cazador.

Entre los cantos religiosos que nos ha dejado Sahagún, quien escribió a partir de lo que le dictaban sus informantes autóctonos, se señalan dos himnos como redactados en *chichimecatlatolli,* "lenguaje de los bárbaros", lo que parece ser un dialecto náhuatl arcaico y oscuro. Uno de ellos está dedicado a los Mimixcoa; en la medida en que se le puede traducir, evoca a Mixcóatl en "el país de las plantas espinosas", *tzihuactitla,* es decir, en los desiertos del Norte, armado de sus flechas con punta espinosa y provisto de su zurrón. Canta una fórmula mágica destinada a facilitar la toma de sus presas. En cuanto al otro himno, se refiere al pequeño dios Amímitl, dios de la caza de aves acuáticas, patrón de los *chichimeca atlaca* ("bárbaros de las lagunas"), un género de especialización de Mixcóatl. Otro doble de Mixcóatl, Camaxtli, era el dios tribal de los nahuas de Tlaxcala.

En cuanto a los aztecas, es sabido que su divinidad tribal era Huitzilopochtli, el sol. Su nombre, "el Colibrí *(huitzilin)* de la izquierda *(opochtli)",* lo caracteriza como el prototipo de los guerreros muertos y resucitados que, según se creía, reencarnaban en el cuerpo gracioso de esa ave; la "izquierda" del mundo es el Sur. Huitzilopochtli es el sol en el cenit, el sol de mediodía.

Dos ciclos míticos homólogos tienen por función ligar estrechamente a los dioses astrales con el tema de la guerra cósmica. Según el primero, los Mimixcoa, constelaciones del Norte, han sido encargados de dar al sol su alimento (la sangre de los sacrificios), pero no cumplen con esta misión y son exterminados por Mixcóatl. En el otro, Huitzilopochtli, desde su nacimiento, persigue y destroza a sus hermanos, los Centzon Huitznahua, los "Cuatrocientos Meridionales", es decir, las constelaciones del Sur. Si Mixcóatl lanza sus flechas, Huitzilopochtli blande su arma mágica, la *xiuhcóatl*, "serpiente de turquesa", símbolo del fuego solar.

Éstas son, pues, las divinidades propias de los pueblos nómadas y guerreros: la Osa Mayor, la Vía Láctea, la Estrella de la Mañana, el sol. Su panteón comprendía, asimismo, una diosa terrestre, Itzpapálotl, "Mariposa de Obsidiana", o Coatlicue, "La que Lleva una Falda de Serpientes". Itzpapálotl aparece más particularmente en los relatos míticos relativos a los desiertos del Norte y a las "Cuatrocientas Serpientes de Nubes". Coatlicue es la madre de los "Cuatrocientos Meridionales" y de Huitzilopochtli. Éstas son, evidentemente, diosas terrestres pero, como es natural en la ideología de poblaciones no agrícolas, no simbolizan la fecundidad vegetal. Dan nacimiento a los astros, y no al maíz. Belicosas y cazadoras como los dioses celestiales que de ellas han nacido, llevan títulos como el de Yaocíhuatl, "Guerrera", y según las palabras de un himno azteca, "se alimentan de corazones de ciervos". Para los guerreros nómadas, la tierra es la tumba y no el campo: así, la pintan bajo la forma del monstruo Tlaltecuhtli que, con las mandíbulas entreabiertas, devoraba la sangre y los cuerpos de los muertos.

Habiendo ofendido el último rey tolteca, Huémac, a Tláloc, éste, para vengarse, infligió a Tula la sequía y el hambre; y cuando Huémac, en fuga, se refugió en Chapultepec, los dioses de la lluvia le anunciaron la caída definitiva de los toltecas; fue entonces cuando el rey, desesperado, se ahorcó en una caverna.

Esta leyenda refleja, fuera de duda, el antagonismo entre la religión astral importada y la religión agraria heredada de la época clásica. La invasión de los dioses celestiales, estelares y solares, con el complejo mítico y ritual de la guerra cosmica y del sacrificio humano, pese a su triunfo aparente tropezaba con la resistencia de la masa campesina, a cuyos ojos la sequía y el hambre representaban la venganza de Tláloc contra los que lo desdeñaban. Las grandes migraciones continuaron hasta comienzos del siglo XIV: a medida que los pueblos del Norte penetraban en los valles centrales, adoptaban más o menos rápidamente el modo de vida agrícola, se asentaban en aldeas y, por fin, fundaban ciudades. La cultura del maíz adquiría una importancia cada vez mayor en su existencia; con ella, los mitos y los ritos agrarios y sus divinidades de la tierra y del agua cobraban, por decirlo así, venganza.

Los aztecas, últimos en llegar, cuyo auge duró *grosso modo* un siglo antes de la catástrofe final, se vieron determinados, en razón misma de la hegemonía que ejercieron, a intentar la síntesis de dos sistemas religiosos rivales. Su religión constituía en lo esencial un entendimiento entre las concepciones de los nahuas, guerreros y cazadores, y las de los agricultores sedentarios; una mezcla de la tradición del Norte y la herencia clásica.

Cuando se estudia la sucesión de las 18 fiestas celebradas cada 20 días en Tenochtitlán, se observa que sólo había tres consagradas a los dioses celestiales: Tezcatlipoca, Mixcóatl y Huitzilopochtli, frente a cuatro dedicadas a Tláloc y a los dioses de la lluvia, cuatro a las divinidades del maíz y de la vegetación, dos al viejo dios del fuego (una de ellas a su personalidad de "Señor Otomí"), y tres a las diosas terrestres.[1] Es decir, se reconocía a las divinidades antiguas un gran lugar en el ritual. Pero, casi diríamos como contrapartida, a su culto se había incorporado una multitud de ritos crueles, a imitación del culto a los dioses astrales, especialmente sacrificios humanos a Tláloc y a las diosas de la vegetación.

Los aztecas adoraban con fervor particular a su dios Huitzilopochtli; hasta exigían a los pueblos sometidos por sus armas que se erigiera en sus templos una estatua de ese dios, y que le fuesen sacrificadas víctimas humanas. Y sin embargo, en la propia Te-

---

[1] Había, además, una fiesta en honor a la diosa del agua salada, Huixtocíhuatl, patrona de los salineros, y la fiesta *Teotleco* en honor de todos los dioses.

nochtitlán, la alta pirámide del gran *teocalli*, inaugurada en 1487 por el emperador Ahuízotl, tenía en su plataforma terminal no sólo un santuario, sino dos: el templo rojo y blanco de Huitzilopochtli y el templo blanco y azul de Tláloc. Los dos santuarios eran iguales en dimensiones, y sin duda estaban rodeados de idéntica vegetación. Asimismo, la organización sacerdotal tenía a la cabeza no sólo un sumo sacerdote, sino dos, "iguales en condición y honores" —los dos *quequetzalcoa*, "serpientes emplumadas"—, que llevaban, respectivamente, el título de "sacerdote de Tláloc" y de "sacerdote de Nuestro Señor" (Huitzilopochtli).

Esta curiosa organización de la Iglesia, como el hecho de que el gran templo fuera consagrado simultáneamente a dos divinidades tan diferentes, parece derivarse de una voluntad deliberada de compromiso, de síntesis. Así quedaban asociados en condiciones de igualdad los dos elementos fundamentales de la religión mexicana de esta fase tardía: el culto al sol, aportado por los guerreros del Norte, y el culto agrario de los campesinos sedentarios.

Las divinidades femeninas se manifiestan bajo dos aspectos contrastados. Como fuentes inagotables de fecundidad, dan a luz a los jóvenes dioses del maíz, que también son los dioses de la juventud, de la música, de los juegos y del canto. Revestidas de atributos macabros, llevando máscaras de calaveras, son guerreras coronadas de plumas de águila que simbolizan la tierra donde el sol, cada atardecer, encuentra su sepultura.

Los nahuas provenientes del Norte habían hallado en el centro de México el culto a la "Vieja Madre" terrestre y lunar. Y ellos, por su parte, aportaron la veneración a una diosa terrestre guerrera, la "Mariposa de Obsidiana". Además, la civilización tolteca tardía había tomado de los huastecos las diosas del amor carnal, que los aztecas llamaron Tlazoltéotl.

El himno de Teteoínan, la "Madre de los Dioses", precisa que esta diosa no es otra que la "Mariposa de Obsidiana". El himno de Cihuacóatl, la "Mujer Serpiente", asocia los dos aspectos de las diosas terrestres. "Pintada con la sangre de la serpiente", con la cabeza ceñida con plumas de águila, es la madre de Mixcóatl, el dios cazador y guerrero. Exhorta a la guerra, al sacrificio de los cautivos. Pero, en el mismo canto, se la muestra agitando su sonajero mágico para llamar a la lluvia y fecundar a la tierra.

La estatuaria azteca nos ha dejado representaciones inolvidables de la diosa terrestre, en especial la célebre Coatlicue del Museo Nacional de Antropología e Historia de México, a la vez majestuosa y monstruosa con sus ornamentos macabros hechos de corazones humanos, sus garras de águila, su doble cabeza ofidia. Otro ídolo proveniente de Cozcatlán representa la misma diosa armada, con garras y con una cabeza de esqueleto. En cambio, la escultura y el códice muestran a las diosas terrestres y lunares haciendo nacer al maíz joven; a la graciosa Chicomecóatl sosteniendo unas mazorcas en sus manos; a Tlazoltéotl, la huasteca, hábil hiladora de algodón, llevando unos husos en su peinado, y a la radiante Xochiquétzal con sus largos penachos de plumas, diosa de la fecundidad y del amor, protectora de las jóvenes que embellecían la vida de los guerreros.

La austeridad de la sociedad mexicana, con su insistencia espartana en las virtudes militares, imponía a la vida sexual una severa represión. Esto resulta más notable si se toma en cuenta que la carnal Tlazoltéotl, divinidad extranjera importada del país huasteco (cuyos habitantes tenían en Tenochtitlán la reputación de ser muy dados a las prácticas eróticas), cobró entre los aztecas una gran importancia en tanto que Tlaelquani, "Comedora de Pecados": con ella se confesaban los que habían cometido faltas, sobre todo infracciones a la moral sexual, y era ella la que los perdonaba mediante la absolución que conferían sus sacerdotes.

Se notará, en fin, que las diosas terrestres son igualmente deidades lunares. Su característico adorno en la nariz, el *yacametztli* ("luna de nariz"), en forma de media luna, está allí para recordarlo. Ahora bien, la luna era considerada como el símbolo por excelencia de la fecundidad vegetal, al mismo tiempo que de la esencia femenina de la naturaleza. Se la representaba bajo la forma de un recipiente lleno de agua sobre el cual se destacaba la silueta de un conejo (las manchas del disco lunar). Los innumerables dioses de las cosechas, de la abundancia y de la embriaguez eran llamados los Centzon Totochtin, "Cuatrocientos Conejos":

eran pequeñas divinidades locales, lunares y campesinas, que presidían los festejos con los cuales se celebraban las buenas cosechas, fiestas en que menudeaban los banquetes y se tomaba abundante bebida de *octli*, jugo del maguey fermentado. Un colegio de sacerdotes de Tenochtitlán estaba consagrado al culto de esos dioses, bajo la autoridad del *Ometochtli* ("Dos-Conejos", nombre de una de las más importantes de esas deidades). Quetzalcóatl no figura entre los dioses en cuyo honor se celebraban las grandes fiestas organizadas cada 20 días. Figuraba, sin embargo, entre las divinidades más importantes, en condición de igualdad con Tezcatlipoca y Huitzilopochtli, pero aparece, sobre todo, como el dios de los sacerdotes. Es "el sacerdote" por excelencia, como Tezcatlipoca es "el guerrero". Personalidad multiforme, dios del viento y planeta Venus, como "Serpiente Emplumada" está inextricablemente ligado a la edad de oro tolteca, reconocido sobre todo por los sacerdotes como el inventor de la escritura y del calendario ritual. La educación superior dada por los sacerdotes en los colegios-monasterios, que incluía especialmente la enseñanza de la escritura jeroglífica y el estudio de los libros sagrados, de la cronología y de la adivinación, estaba colocada bajo el patrocinio de Quetzalcóatl. Por el contrario, la enseñanza de las "casas de jóvenes" de los diversos barrios de la ciudad dada por "maestros de jóvenes" militares y laicos, provenía de Tezcatlipoca, uno de cuyos títulos, por cierto, era el de *telpochtli*, "hombre joven".

Esos dos sistemas de educación eran muy distintos, casi antagónicos. El primero se distinguía por su austeridad, por hacer hincapié en la teología, en la abnegación y en el dominio de sí mismo, y por la extensión (para el lugar y la época) de los conocimientos transmitidos. El segundo, esencialmente práctico y militar, intentaba desarrollar las virtudes guerreras, pero dejaba poco espacio a los valores intelectuales y espirituales; los jóvenes, ávidos de emular las proezas de sus mayores, todos ellos guerreros consumados, seguían un entrenamiento severo, mas para relajarse pasaban las veladas en la "casa de los cantos", donde bailaban y tocaban el tambor y la flauta. Los de mayor edad tenían relaciones con las cortesanas, cuyos tocados lujosos y modales refinados nos ha descrito Sahagún.

La ideología relativa al otro mundo nos ofrece un ejemplo más de las contradicciones internas del sistema religioso mexicano y de las síntesis por las que los aztecas trataron de resolverlas. Desde la época de Teotihuacán, ya lo hemos dicho, se observa la creencia en un paraíso, jardín exuberante y bien regado, que preside el dios de la lluvia. Era ésa, seguramente, la imagen de la inmortalidad tal como se la figuraban los antiguos pueblos de cultivadores: abundancia eterna, al abrigo de toda penuria y toda sequía, sin lucha, sin trabajo.

Es natural que el ideal de los guerreros fuera totalmente distinto. Para los aztecas, los guerreros muertos en combate o sobre la piedra de los sacrificios se volvían los compañeros del sol. Se unían al cortejo deslumbrante, bullicioso y alegre que rodeaba al astro desde el Oriente hasta el cenit. Combates simulados y cantos de guerra constituían las diversiones de esos Cuauhteca, "Gente del Águila", en ese Valhalla americano. Después de cuatro años en esa condición, el guerrero reencarnaba en el cuerpo gracioso de un colibrí.

Las mujeres muertas de parto eran asimiladas a los guerreros caídos en combate o sacrificados. Se les enterraba con gran pompa en el patio interior de un templo que se les había consagrado. Se creía que esas mujeres formaban un segundo cortejo que acompañaba al sol desde el cenit hasta el Occidente. Divinizadas (se les llamaba Cihuateteo, "Mujeres Divinas"), rondaban por el cielo del Oeste y las sombras del crepúsculo. Se las identificaba más o menos claramente con los Tzitzimime, monstruos del otro mundo que deben aparecer el último día del mundo, y con las diosas madres bajo su aspecto guerrero y macabro. Su aparición o los gritos lúgubres que se les oía dar en el cielo del atardecer eran considerados como presagios funestos.

Como muchos otros pueblos, los nahuas situaban la morada de los muertos en la región de donde habían llegado, es decir, el Norte; *Mictlampa*, pues, era "el rumbo de los infiernos". Los aztecas se representaban esa morada como un inmenso subterráneo tenebroso y glacial. Los difuntos debían someterse allí a duras pruebas, resistir los asaltos de un viento helado, cruzar los nueve ríos y, finalmente, desaparecer para siempre, hundiéndose en la nada. A esas dos concepciones del otro mundo, los aztecas habían añadido una tercera adoptando la del paraíso del dios de la lluvia, el *Tlalocan*. Los que habían fallecido ahogados o por una de las enfermedades cuyo origen se atribuía a Tláloc (por ejemplo, la hidropesía o las afecciones pulmonares), eran considerados como distinguidos por el dios, quien los recibía en su paraíso. Cuando un indio se ahogaba en la laguna que rodeaba la ciudad, su cuerpo era transportado en una litera hasta uno de los pequeños templos llamados "casas de la niebla", consagrados a los dioses del agua y erigidos al borde de los lagos, donde se le enterraba con todas las señales de la mayor veneración, "porque, se decía, los dioses Tlaloque habían enviado el alma del ahogado al paraíso terrenal"

Así, por un esfuerzo de sincretismo, los aztecas habían llegado a hacer coexistir en su visión del mundo después de la muerte los mitos de los pueblos septentrionales y los de los campesinos del centro de México. Si las tinieblas de Mictlan envolvían a la multitud anónima de los muertos ordinarios, una inmortalidad celestial aguardaba a los guerreros, y una inmortalidad terrenal era la recompensa para los elegidos del viejo dios agrícola.

Hay que señalar otro componente: la influencia ejercida sobre la civilización tardía del altiplano central por las culturas de la zona intermedia entre el valle de Oaxaca y la planicie de Cholula, Esta influencia está muy marcada en el arte azteca; no es menor en el dominio religioso. El culto a Venus practicado por los mazatecos de Teotitlán había sido introducido en Tenochtitlán. Manuscritos como el *Códice Borgia* muestran que una intensa actividad de reflexión teológica se desplegaba en esa región, y que estaba orientada, ante todo, hacia la síntesis de las mitologías agrarias y astrales. Nadie puede decir qué resultados habría producido ese esfuerzo especulativo si la catástrofe de 1521 no lo hubiera interrumpido súbitamente.

El esbozo anterior podría extenderse a otras civilizaciones autóctonas, con los matices necesarios. Por ejemplo, si se piensa en los mayas, no dejan de llamar la atención dos notables fenómenos. El primero es que el culto al dios de la lluvia parece mucho más importante en Yucatán que en Petén y en Chiapas; en Palenque, los principales templos están consagrados al sol y al maíz, mientras que en Uxmal y en otras ciudades yucatecas la máscara de Chac aparece en todos los monumentos con una frecuencia obsesionante. Esta diferencia acaso pueda explicarse por el clima, pues Yucatán es mucho más seco que las regiones meridionales.

En segundo lugar, un verdadero abismo parece haber separado a la religión agraria de los cultivadores de maíz de las especulaciones teológico-astronómicas de los sacerdotes. El saber sacerdotal, del que encontramos lo esencial gracias a las inscripciones jeroglíficas de los grandes centros ceremoniales del Sur, se centraba en la observación de los astros, el cómputo del tiempo y la elaboración de cálculos vertiginosos relativos a periodos que llegaban hasta centenas de millones de años. No cabe duda de que el estudio del calendario y de los movimientos de los cuerpos celestes, así como la determinación de las estaciones y de los trabajos rurales que había que emprender, unieron, en sus orígenes, al pensamiento de los sacerdotes con las preocupaciones de los campesinos, mas este pensamiento tuvo un desarrollo autónomo que se proyectó cada vez más lejos.

No es imposible que la decadencia de las ciudades mayas y la caída de esta civilización, alrededor del siglo IX de nuestra era, se hayan debido en parte a la revuelta de los campesinos contra la clase dirigente de los sacerdotes, cuyo pensamiento esotérico ya no despertaba eco entre las masas rurales.

Los mayas cristianizados de nuestra época aún observan ritos precolombinos directamente relacionados con su milpa, con las semillas y con la cosecha. Entre los lacandones, pequeña tribu maya no cristianizada de Chiapas, se encuentran un panteón y un ritual en que las divinidades astrales ocupan relativamente poco lugar al lado de las de la lluvia y de la vegetación. En cuanto al dios del fuego, es invocado por esos indios esencialmente como di-

vinidad terrestre que preside el desmonte de la selva mediante
quema.

Si nos limitamos a considerar la zona central de México, con
exclusión del país maya, notaremos para empezar el papel fundamental desempeñado en la edificación de grandes civilizaciones
por la zona oriental, tropical y exuberante, de la costa del Golfo.
Todo el complejo de ideas y de imágenes relativo a la lluvia, al
culto a Tláloc y al paraíso terrenal, lleva la marca de esas tierras
cálidas, tan distintas del altiplano central, de clima seco y fresco.
Lo mismo puede decirse del juego ritual del *tlachtli*, al que
se jugaba con pelotas de hule, y de los signos del calendario adivinatorio, como el cocodrilo, el mono y el jaguar, animales característicos de las regiones tropicales. La agricultura basada
en el maíz nació, sin duda, en algún lugar entre el Golfo de México y el Petén; avanzó del Sur y del Este hacia el centro y con ella
toda la ideología agraria que se había formado a su alrededor.

A la inversa, fue del Norte de donde las tribus cazadoras y nómadas llevaron su religión astral, indisolublemente ligada a los
sacrificios humanos y que lleva, en cambio, la marca de las grandes zonas desérticas, quemadas por el sol durante el día, mientras
que por la noche la limpidez del aire revela un cielo tachonado de
innumerables estrellas. Las civilizaciones tardías del México
central ofrecen el espectáculo de vastas sociedades fuertemente
organizadas, gobernadas y administradas con eficacia, dotadas
de artes vigorosas y de una vida intelectual de gran calidad y que,
al mismo tiempo, consagran una parte enorme de su energía a los
rituales sangrientos considerados indispensables para el manteni-
miento del orden cósmico: ¡espectáculo paradójico para nosotros!
Medítese, por ejemplo, sobre una institución tan singular como la
Guerra Florida, destinada a mantener, en el seno mismo de la paz
que la hegemonía azteca hacía reinar sobre la mayor parte de México, núcleos de conflictos y de combates para ofrendar víctimas
a los astros.

La idea de que era necesario "alimentar" al sol ofreciéndole
sangre y corazones humanos, que domina toda la religión mexicana tardía, constituye un hecho histórico, contingente: caracteriza

a los pueblos del Norte y especialmente a los de la familia náhuatl. Los mayas clásicos, sin haber dejado de rendir culto al sol, no parecen haberle sacrificado víctimas humanas. No existe nexo psicológico ni lógico necesario entre los cultos astrales y los sacrificios sangrientos; la asociación de esos cultos con tales ritos es un dato de hecho, del mismo género que la vestimenta, la forma de las casas o las estructuras del lenguaje.

Es notable que una creencia que exigía tantas luchas e imponía tantos peligros se haya mantenido tan robusta y duradera en la civilización híbrida que brotó del contacto de antiguos sedentarios e inmigrantes recientes, mientras que poderosos factores económicos, sociales e ideológicos obraban en sentido contrario.

En efecto, los documentos indígenas de la época muestran claramente que después de la fase de agitación y de conflicto perpetuo que había ocupado casi todo el siglo XV, el espíritu público aspiraba a la calma, al orden y a la paz; se ponía el acento sobre valores morales como la bondad y la dulzura. Por otra parte, la creciente prosperidad material, el influjo de mercancías de todo el país sobre la capital, la influencia cada vez mayor de la burguesía negociante, y el amor al lujo y al refinamiento en la existencia cotidiana, tendían a apartar a los mexicanos del siglo XVI del ideal guerrero propio de sus antepasados nómadas. Sin embargo, hasta el último momento, los altares de Tenochtitlán no dejaron de chorrear sangre humana.

La historia de las religiones del México central ofrece un ejemplo notable de lo que se podría llamar la fluidez de las representaciones míticas. Ideas diferentes, hasta contradictorias, pueden ser asociadas bajo nombres que siguen siendo idénticos cuando su contenido ya ha cambiado por completo. Al mismo tiempo, y como en contrapunto con esta fluidez, la permanencia de ciertas representaciones, por ejemplo el viejo Tláloc, triunfa sobre todos los trastornos sociales y étnicos durante milenios.

Todo fenómeno humano es singular. Así pues, no es cuestión de deducir los hechos mexicanos de leyes generales aplicables a otros tiempos y a otros lugares. Pero la sucesión de los acontecimientos en esta parte del mundo ofrece una rica materia para reflexión del etnólogo y aun del filósofo, porque nos permite estudiar como en un laboratorio las acciones y reacciones recíprocas de sociedades que corresponden a dos modos de vida fundamentales de la humanidad: el de los nómadas cazadores y recolectores y el de los cultivadores sedentarios.

V. EL PENSAMIENTO COSMOLÓGICO DE LOS ANTIGUOS MEXICANOS

Representación del Mundo y del Espacio

INTRODUCCIÓN

TODA civilización es un complejo y sólo puede ser definida por el conjunto de sus caracteres. Huelga decir que tomamos aquí el término civilización en el sentido que le dan los etnólogos: los fenómenos que caracterizan a una población o a un grupo de poblaciones sobre un territorio determinado en un momento determinado de la historia; no son considerados en absoluto, aquí, como la "civilización", que no pocos pueblos han creído o creen representar, por oposición a la "barbarie" o al "salvajismo" de quienes los rodean.

Cada civilización forma, pues, un conjunto singular, datado en el tiempo, ubicado en el espacio; los hechos que engloba pueden ser catalogados bajo grandes rubros o títulos de capítulos, como cultura material, organización social, ideología y religión. Si nos dedicamos a distinguir una civilización dada de otras, contemporáneas suyas o no, notaremos que se caracteriza por fenómenos que no corresponden más que a ella, bien sea por su naturaleza, bien por su grado: esos hechos singulares pueden encontrarse en todos los dominios, desde la técnica de la agricultura o del tejido hasta la mitología y la cosmología.

Puede decirse que una civilización particular no marcha sin una visión del mundo igualmente particular. Aun en los casos en que esta representación del universo y del papel que el hombre está llamado a desempeñar se mantiene implícita, existe, y se la puede encontrar hasta en las ideologías más pobres. Cuando una sociedad se complica y se diferencia, con mayor razón se ven aparecer cosmologías cada vez más explícitas, sobre todo si una categoría determinada de personas, una clase social, se especializa en la elaboración de los mitos y de las doctrinas.

El estudio del pensamiento cosmológico de los antiguos mexicanos, de su representación del mundo, se impone tarde o temprano al etnólogo que se interesa por las civilizaciones indígenas de Mesoamérica. El lugar que la cosmología ocupaba en las preocupaciones teóricas y en ciertas prácticas de esos pueblos era de primera importancia; la mitología, la astronomía y la adivinación, la ciencia del calendario, impregnada de religión y de magia; el ritual que regulaba las fases más importantes de la vida privada y de la vida colectiva, están dominados por ciertas concepciones, ya difusas, ya elaboradas de una manera muy compleja y refinada. No es posible captar claramente los caracteres distintivos de esas civilizaciones, que se cuentan entre las más elevadas del Nuevo Mundo, sin reconstituir tan completamente como sea posible esas imágenes y esos conceptos cosmológicos. Además, un estudio profundo de esta cuestión haría, sin duda, una contribución útil a las investigaciones realizadas sobre este tema en otros terrenos.[1]

Por "antiguos mexicanos" se entenderá aquí, esencialmente, los pueblos históricos del altiplano central, los que han habitado el valle de México y sus alrededores en época relativamente reciente, y sobre todo en los tres o cuatro siglos que precedieron a la invasión española. De esos pueblos, unos hablaban lenguas antiguas, de afinidades mal conocidas, como el otomí; los otros, los que dominaron el altiplano central y extendieron por doquier su civilización particular, hablaban náhuatl, lengua de la familia uto-azteca. El azteca de Tenochtitlán constituía uno de los principales dialectos de esta familia, y también el más reciente.

Sumergiendo a los otomíes, a los tenimes y a otras poblaciones instaladas en el altiplano al menos desde los principios de la era cristiana, los nahuas llegaron del Norte: eran nómadas cazadores que en pocas generaciones se adaptaron a la vida sedentaria y agrícola. En el fondo, en las tinieblas de la protohistoria, se hallan los toltecas, tribu semimítica, cuyo rey, héroe y dios era Quetzalcóatl, la "Serpiente Emplumada"; a partir del siglo XIII, las tribus

---

[1] El estudio de las cosmologías atrajo muy pronto la atención de los sociólogos franceses. Basta recordar, entre otros estudios, la memoria de Durkheim y de Mauss titulada *Clasificaciones primitivas*, los trabajos de Henri Hubert, de Lévy-Bruhl y de Granet.

nahuas históricas afluyen al México central. Los aztecas, últimos en llegar, fundan su capital al comienzo del siglo XIV y empiezan a extender sobre una gran parte de México una dominación que la invasión española arruinará al cabo de 200 años.[2] Las fuentes de que disponemos para reconstituir la representación del mundo de los antiguos mexicanos son de diversas clases. Primero, los manuscritos indígenas, "códices" figurativos conservados en número bastante grande en los archivos, bibliotecas y museos de dos continentes; muchos de ellos son documentos teológicos y cosmológicos de primer orden. En seguida, se pueden obtener datos muy útiles de los textos en lengua indígena transcritos en caracteres latinos después de la conquista, con los *Anales de Cuauhtitlán* y los *Cantares a los dioses*, recopilados por Sahagún. Un tercer grupo de documentos está constituido por las crónicas, escritas en la época colonial por españoles, sobre todo por misioneros, la principal de las cuales, la *Historia general de las cosas de la Nueva España*, del padre Bernardino de Sahagún, es una verdadera obra maestra de información y de inteligencia. En fin, los antiguos mexicanos han dejado sobre ciertos monumentos como el Calendario Azteca y la Piedra de los Soles de México, indicaciones muy precisas sobre ciertos puntos de su concepción del mundo.

Las sociedades mexicanas antiguas estaban fuertemente jerarquizadas. En la cumbre, los nobles, los guerreros y los sacerdotes podían consagrarse con libertad a especulaciones bastante complejas sobre el fondo mitológico que la tradición les entregaba; en la base, la población esencialmente campesina sin duda no superaba apenas el nivel de las creencias más difusas, acompañadas de una participación más o menos regular en las grandes ceremonias. Pero había indiscutiblemente cierta unidad de sentimiento entre las doctrinas elaboradas de los dirigentes y la fe

---

[2] Nos reservamos el derecho de comparar, llegado el caso, las ideas propiamente mexicanas con las de otras poblaciones indígenas situadas más al Sur (mayas) o más al Norte (indios pueblo). Pero nos apoyaremos, ante todo, en los documentos provenientes del México central y que traducen las ideas tradicionales de las tribus de esta región, en particular de los nahuas.

supersticiosa de las masas. No debemos olvidar que, por así decirlo, no sabemos nada de lo que pensaba el hombre del pueblo, el *macehualli;* nuestros documentos no reflejan más que el estado del espíritu, las preocupaciones y las teorías de una élite de gobernantes, de teólogos, de astrólogos, de filósofos.

El lenguaje náhuatl presenta algunos rasgos característicos que pueden ayudarnos a comprender ciertas particularidades del pensamiento mexicano. En primer lugar —fenómeno por lo demás frecuente cuando se examina el lenguaje religioso—, cada palabra, al ser empleada en un contexto mitológico o mágico, puede recibir una multitud de sentidos más o menos esotéricos. En segundo lugar, y al igual que muchas lenguas americanas, el náhuatl gusta de recurrir a la composición, formando palabras complejas cuyo poder de evocación aumenta con todas las asociaciones tradicionales de imágenes que cada una de las palabras componentes es capaz de suscitar. De allí las posibilidades indefinidas de interpretaciones y de alusiones.

La palabra *cuauhtli,* águila, designa igualmente, en el lenguaje esotérico de los sacerdotes, el sol y los guerreros. El sol es el dios de los guerreros, que lo alimentan con la sangre de sus víctimas. La pluma de águila es el símbolo de la guerra y de los sacrificios humanos. En virtud de todas esas tradicionales asociaciones de ideas o, antes bien, de imágenes, las palabras compuestas en que entra el elemento *cuauh (—tli),* águila, están cargadas de un sentido esotérico muy distinto de su sentido aparente. Considérese los siguientes ejemplos:

1. *Cuauhtinchan,* "casa del águila": es el templo de los guerreros, en que se encontraba una efigie del sol.

2. *Cuauhnochtli,* "luna del águila": es el corazón de las víctimas sacrificadas al sol.

3. *Cuauhxicalli,* "calabaza del águila": recipiente en que los sacerdotes depositan el corazón de las víctimas.

4. *Cuauhtlehuánitl,* "águila que asciende": es el sol levante.

5. *Cuauhtémoc,* "águila que cae": el sol poniente.

6. *Cuauhteca,* "gente del águila": son las víctimas sacrificadas, que se vuelven compañeros del sol.

LÁMINA 1. Chalchiuhtlicue, "La que Lleva un Faldellín de Piedras Preciosas", diosa del agua fecundante. "El agua preciosa" — *chalchíhuatl* — designa metafóricamente la sangre de los sacrificados: la diosa sostiene en la mano izquierda un recipiente con la sangre y el corazón de la víctima. (*Códice Borgia*, p. 20.)

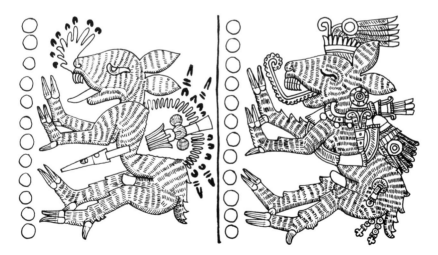

LÁMINA 2. *A la izquierda:* El venado del Norte, símbolo de *Mictlampa*, "el lado de los muertos". *A la derecha:* El venado del Este, símbolo de *Tlapcopa*, "el lado de la luz". (*Códice Borgia*, p. 22.)

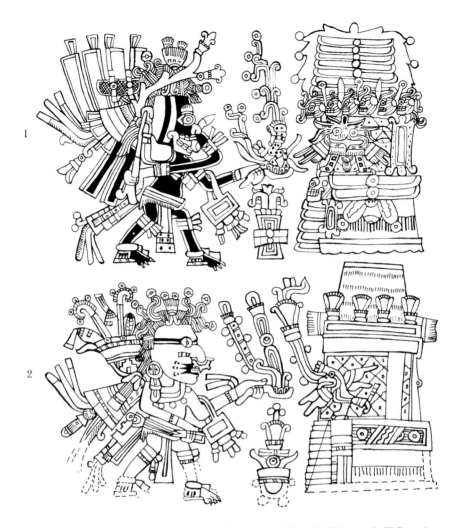

LÁMINAS 3 y 4. Los cuatro puntos cardinales. 1. El Sur, 2. El Oeste, 3. El Este, 4, El Norte. Cada uno de los puntos cardinales está simbolizado por un templo y un sacerdote que blande un incensario. (*Códice Cospi de Bolonia,* pp. 12-13.)

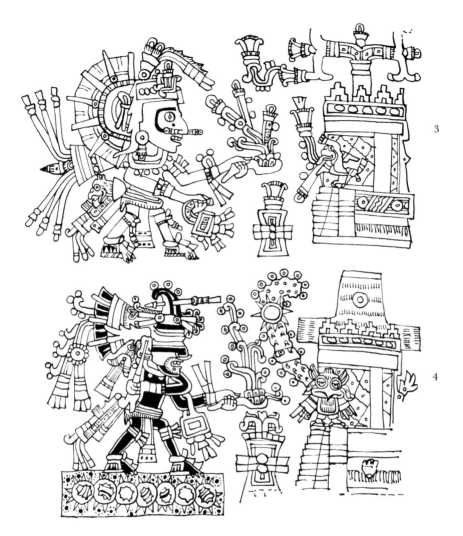

3

4

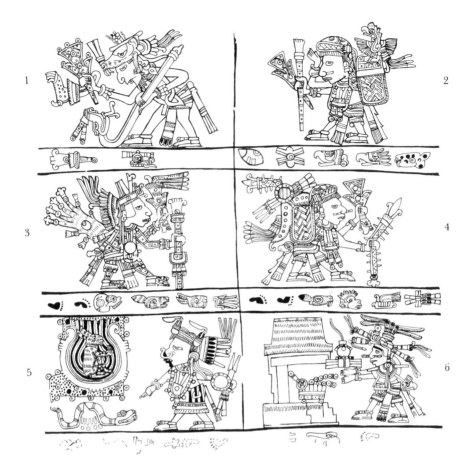

Lámina 5. Los seis viajeros celestiales. 1. Iztacmixcóatl, la "Blanca Serpiente de Nubes", la Vía Láctea. 2. Tlatlauhqui Tezcatlipoca, el "Rojo Espejo Humeante", dios del Sur. 3. Yacatecuhtli, el "Señor de la Vanguardia", dios de los viajeros y los comerciantes. 4. Tezcatlipoca. "Espejo Humeante", dios del Norte. 5. Tlazoltéotl, diosa terrestre y lunar, divinidad del amor, protectora de las tejedoras. 6. Tonatiuh, dios del sol. (*Códice Borgia*, p. 55.)

Asimismo, el nombre de uno de los principales dioses mexicanos, Huitzilopochtli, presenta un sentido aparente muy sencillo: el "Colibrí *(huitzilin)* de la Izquierda *(opochtli)"*. Pero el colibrí designa al guerrero muerto y resucitado, que se transforma en un colibrí después de cuatro años de vida celestial cerca del sol; la izquierda del mundo es el Sur. Así, el verdadero nombre del dios es el de "Guerrero del Sur". En efecto, Huitzilopochtli es por excelencia el dios de la guerra, y es al mismo tiempo el sol triunfante de mediodía.

Vemos así que el lenguaje náhuatl puede caracterizarse como un instrumento de transmisión de asociaciones tradicionales, de bloques o, si se quiere, de enjambres de imágenes, cargados de una significación afectiva mucho más que intelectual. Considérese, por ejemplo, el siguiente pasaje de un antiquísimo texto religioso, el *Xipe Tótec icuic yoallauana,* uno de los himnos recabados por Sahagún.

Texto azteca: *Notehua chalchimamatlaco apanaytemoaya.*
Traducción literal: "Mi dios tu piedra preciosa-agua ha descendido."
Texto azteca: *Ay quetzallahuéhuetl ay quetzalxiuhcóatl.*
Traducción literal: "¡Ah! ciprés-quetzal ¡ah! serpiente de fuego-quetzal."

La piedra preciosa verde, *chalchíuitl,* y la pluma verde de *quetzal* son los símbolos de la riqueza y de la fertilidad agrícola. El dios ha enviado la lluvia. Los cipreses empolvados de la estación seca, grises y sombríos sobre el altiplano desértico, reverdecen; la serpiente de fuego, *xiuhcóatl,* símbolo de la sequía y del hambre, se convierte en una serpiente emplumada, un *quetzalcóatl,* que representa la abundancia. Cada una de esas palabras complejas expresa en un solo enjambre de imágenes lo que una frase con dificultad puede decir.

Ahora bien, lo que caracteriza al pensamiento cosmológico mexicano es precisamente la ligazón constante de imágenes tradicionalmente asociadas. El mundo es un sistema de símbolos que se reflejan los unos a los otros: colores, tiempo, espacios orientados, astros, dioses y fenómenos históricos se corresponden. No nos encontramos en presencia de "largas cadenas de razones", sino de una imbricación recíproca de todo en todo, a cada instante. Cuando se penetra en ese mundo que el pensamiento indígena construía, se cree entrar en un palacio cuyas paredes estuvieran hechas de espejos o, mejor, en un bosque de ecos innumerables, "donde los perfumes, los colores y los sonidos se responden". Y este sistema, por muy extraño que lo sintamos, no es anárquico. Su cohesión está hecha de actitudes tradicionales del pueblo que lo ha elaborado, actitudes sentimentales y afectivas codificadas en mitos y en ritual, no reflexiones racionales sobre la experiencia. Su unidad, su solidez internas, son subjetivas. La imagen mexicana del universo es acorde con el pueblo mexicano; es a éste al que refleja, y no al mundo.

EL NACIMIENTO DEL MUNDO ACTUAL

En todos los pueblos indígenas de México, y aun fuera del país, existe el concepto de la inestabilidad del mundo. Tal como ahora se nos revela, el universo está destinado a desaparecer, y sólo nació después de varios ensayos infructuosos que terminaron en cataclismos. El número cuatro domina toda la cosmogonía. Según los zuñis, una de las tribus de los indios pueblo, los hombres buscaron, en el principio de los tiempos, el centro del mundo, único punto estable del universo. Cuatro veces creyeron lograrlo, y cuatro veces los temblores de tierra los desalojaron de allí: tan sólo al quinto intento encontraron el centro y la estabilidad en el valle de Zuñi. Creencias análogas, en que el número cuatro desempeña el mismo papel, se encuentran desde el norte de México, entre los tarahumaras, hasta el sur, entre los mayas-quichés, cuyo libro sagrado, el *Popol Vuh*, contiene la descripción de los cuatro mundos desaparecidos.

Las relaciones antiguas del México central comienzan, ya por el relato de las cuatro edades que precedieron a la nuestra, los "Cuatro Soles", ya por la descripción de un periodo de pura creación, presidido por la "Pareja Divina". Esta pareja está compuesta por el dios Ometecuhtli, el "Señor de la Dualidad", y la diosa Omecíhuatl, la "Señora de la Dualidad". También se les conoce con los nombres de Tonacatecuhtli, el "Señor de Nuestros Alimentos", y de Tonacacíhuatl; de Citlalatónac, la "Estrella Brillante" y de Citlalicue, "La que Tiene una Falda de Estrellas". Son dioses viejos que habitan el decimotercer cielo, *Omeyocan,* "el lugar de la dualidad".

Ometecuhtli es el patrón o dios protector del primer signo del calendario, *Cipactli,* el monstruo mítico que lleva la tierra sobre su espalda. Omecíhuatl es la patrona del último signo, *Xóchitl,* la flor, y parece un doble de Xochiquétzal, la diosa de las flores, que también habita los cielos superiores. Así, la "Pareja Divina" se encuentra al principio y al fin del tiempo, es el alfa y la omega del calendario; si vive en el decimotercer cielo es porque el número 13 es el último de los números empleados en el cómputo del tiempo, el símbolo de la serie acabada.

Omeyocan, el lugar que habitan esos dioses, es el lugar del nacimiento. Se le llama también *tlacapillachiualoya,* "el lugar en que se fabrican los hijos de los hombres". Cuando nace un niño se pronuncia constantemente, en las invocaciones, el nombre de esas dos divinidades. Y es que el nacimiento es un descenso: nacer *(tlacati),* es descender *(temo)* del cielo. En la gran fiesta de *Xocohuetzi,* el nacimiento del fuego es simbolizado por la caída, desde lo alto de un mástil, de una imagen del dios del fuego. Por otra parte, *Omeyocan* es idéntico al paraíso del Oeste, Tamoanchan, el país de los viejos dioses y de las generaciones pasadas, del maíz maduro, de la niebla, del misterio, la región en que los pueblos antiguos salieron de un agujero abierto en la tierra.

En resumen, los dos dioses son viejas divinidades que presiden la generación y el nacimiento. En el panteón mexicano de la época más conocida, poco antes de la invasión española, no ocupaban, sin embargo, más que un sitio limitado. En cambio, entre los nahuas de Nicaragua, que habían salido de México en el siglo XII, esas dos divinidades, con los nombres de Omeyateite y de Omeyatecigoat, aún están en la cumbre del edificio religioso. Así pues, debe reconocerse que como la religión de los nahuas del altiplano central se había modificado entre los siglos XIII y XVI, el papel de la pareja divina primordial progresivamente fue perdiendo importancia. Dioses más jóvenes como Huitzilopochtli o Tezcatlipoca los relegaron al segundo plano del mundo, como reyes muy respetados pero que raras veces intervienen en los asuntos. Por lo demás, el culto a la pareja primordial había permanecido muy vivo hasta el siglo XVI entre otros pueblos de México, como los otomíes, que aún colocaban en la primera fila de su panteón al "Viejo Tatacoada" (sol y fuego) y la "Vieja Madre" (tierra y luna).

El nacimiento de los dioses era atribuido por los nahuas del siglo XVI a la "Pareja Primordial". Según el cronista Torquemada, Omecíhuatl había dado a luz un *técpatl,* cuchillo de pedernal destinado a los sacrificios humanos; ese cuchillo había caído sobre la tierra en la región del Norte, y de él nacieron, a su vez, 1 600 dioses; el número 1 600 (4 × 400) quiere decir simplemente "muchos", pues la base de la numeración azteca era vigesimal. Según la *Historia de los mexicanos por sus pinturas,* la pareja celestial hizo nacer primero a cuatro dioses, de los que salieron todos los demás, ya por creación, ya por matrimonios. Fueron los siguientes:

1. El Tezcatlipoca Rojo, también conocido con el nombre de Xipe Tótec, dios del Este y del sol levante.

2. Tezcatlipoca, dios negro del Norte y de la noche, del frío, del cielo nocturno.

3. Quetzalcóatl, la "Serpiente Emplumada", dios blanco del Oeste y del sol poniente.

4. Huitzilopochtli, el dios guerrero pintado de azul, sol triunfante del mediodía, dios epónimo de la capital azteca.[3]

También según la *Historia de los mexicanos por sus pinturas,* era Tezcatlipoca el que a la sazón reinaba sobre los dioses, lo cual

---

[3] La capital azteca tenía el doble nombre de México-Tecnochtitlán, "ciudad de Méxitl y lugar de cactos". Méxitl es uno de los nombres de Huitzilopochtli. Es él quien aparece bajo la forma de un águila (el sol) sosteniendo en el pico a una serpiente (la serpiente estrellada de la noche) y posada sobre un cacto, *tenochtli;* el símbolo azteca de la ciudad se ha convertido en el blasón de la República Mexicana.

no es de sorprender, puesto que es el dios de la noche, y en aquella época aún no había sol. Se le llama asimismo Yoalli Ehécatl, el "Viento de la Noche". Y es también el dios del Norte, lado nocturno del universo. el cuchillo de pedernal de Omecíhuatl cayó sobre la tierra en los desiertos el Norte: ahora bien, ese pedernal *(técpatl)* es el símbolo del dios del Norte, Mixcóatl, la "Serpiente de Nubes", y de los Centzon Mimixcoa, las "Cuatrocientas (innumerables) Serpientes de Nubes", astros y nebulosas de formas vagas que aparecen en el cielo nocturno. Quetzalcóatl es a la vez el sol poniente y el planeta Venus. En tanto que dios del Oeste, es blanco (color de este punto cardinal) y viejo, pues el Oeste es la región de la vejez. Siendo viejo, es barbado, ya que sólo los ancianos se dejan crecer la barba. Por otra parte, en tanto que dios del planeta Venus, también es dios del Este, con el nombre de Tlahuizcalpantecuhtli. Dios doble, con el nombre de Xólotl, divinidad que protege a los gemelos y a las mazorcas dobles del maíz, significa muerte (Oeste) y renacimiento (Este). Cuando los españoles, blancos y barbados, aparecieron por el Este, el emperador Moctezuma y sus consejeros creyeron durante un tiempo que se trataba del regreso de Quetzalcóatl a la tierra; en efecto, una leyenda decía que retornaría en un año *ce-ácatl*, "1-Caña", y 1519, año de la invasión, era un *ce-ácatl*.

La *Historia* antes citada dice que los cuatro dioses permanecieron inactivos durante un largo periodo (600 años), al término del cual crearon sucesivamente el fuego, el calendario, el infierno del Norte (Mictlan) y sus dioses, los 13 cielos, las aguas y sus dioses, el monstruo *Cipactli* y la tierra. Es claro que toda esta tradición constituye una especie de intento de racionalización bastante tardío; sus autores anónimos han tratado de ordenar unos relatos míticos contradictorios·y de jerarquizar las divinidades. Es significativo el papel desempeñado en ese mito por Huitzilopochtli, pues este dios entró muy tarde en el panteón mexicano: era un dios puramente azteca, que sólo cobró importancia al aumentar la influencia de esta tribu. Según todas las apariencias, se trata, pues, de una reorganización reciente, y hecha en Tenochtitlán, de tradiciones más antiguas.

Según Torquemada, los dioses, deseosos de contar con hombres para que les sirvan, enviaron a uno de ellos, Xólotl (encarnación de Quetzalcóatl como dios de la vida y de la muerte), a robar del infierno del Norte los huesos de los muertos antiguos. En seguida se hicieron incisiones y vertieron su sangre sobre esos huesos para dar nacimiento a los hombres nuevos. Pero todas las demás tradiciones hacen intervenir al principio la sucesión de las edades del mundo, es decir, de los "Cuatro Soles".

LOS "CUATRO SOLES"

Tanto en las tradiciones y las crónicas redactadas después de la conquista como en los manuscritos precolombinos y en los bajorrelieves de ciertos monumentos, se encuentra la idea de que nuestro mundo fue precedido por cuatro mundos o "Soles" que tuvieron su fin en cataclismos. Se da a esos mundos desaparecidos los nombres de "Sol del Tigre" *(Ocelotonatiuh),* "Sol de Viento" *(Ehecatonatiuh),* "Sol de Lluvia" *(Quiauhtonatiuh)* y "Sol de Agua" *(Atonatiuh).* El "Sol de Lluvia" a veces es llamado también "Sol de Fuego" *(Tletonatiuh),* pues fue una lluvia de fuego la que destruyó el mundo al término de este periodo.

El orden de sucesión de esas cuatro épocas no siempre se describe de la misma manera. Según los *Anales de Cuauhtitlán,* el primero de los "Soles" fue el "Sol de Agua", seguido de los "Soles del Tigre, de Lluvia y de Viento". La *Historia de los mexicanos por sus pinturas* da el siguiente orden: "Sol del Tigre" — "Sol de Viento" — "Sol de Lluvia" — "Sol de Agua", que es corroborado por el magnífico monumento conocido con el nombre de Calendario Azteca. Este célebre bajorrelieve, como la Piedra de los Soles, enumera las cuatro edades en el mismo orden que la *Historia,* estando representada cada una de ellas por una fecha, la del cataclismo que le dio fin. Esas fechas son las siguientes:

4-*océlotl*	(4-Tigre), fin del "Sol del Tigre".
4-*ehécatl*	(4-Viento), fin del "Sol de Viento".

4-*quiáhuitl*   (4-Lluvia), fin del "Sol de Lluvia".
4-*atl*   (4-Agua), fin del "Sol de Agua".

Por último, nuestro mundo actual está señalado en el Calendario Azteca por la fecha de 4-*ollin* (4-Movimiento, temblor de tierra). Esta fecha, como veremos, es aquella en que nuestro sol se ha puesto en movimiento cuatro días después de nacer. Es, en el calendario ritual, el día de la fiesta del sol y de los señores. Pero probablemente también sea la fecha en que nuestro mundo tendrá fin con los temblores de tierra, pues el término *ollin* simboliza a la vez el movimiento del sol y las sacudidas sísmicas.

En el *tonalámatl,* o calendario adivinatorio, todos los días que llevan la cifra 4 son considerados como nefastos. El día 4-*océlotl,* fin del "Sol del Tigre", es un día funesto, dominado por el dios Tezcatlipoca. Éste, dios del Norte, del frío y de la noche, se ha transformado en Tigre, según la *Historia de los mexicanos,* para derribar al sol. La primera edad, según los *Anales de Cuauhtitlán,* llegó a su fin en las tinieblas y el frío, después de un eclipse.

La fecha 4-*ehécatl,* fin del "Sol de Viento", es considerada como día de encantamientos, de hechicería. El día 1-*ehécatl* es, por excelencia, el día de los hechiceros. En realidad, el segundo mundo ha acabado con una vasta operación mágica: todos los hombres han sido transformados en monos. Al mismo tiempo soplaba un viento poderoso, manifestación de Ehécatl, dios del viento, que es una de las formas de Quetzalcóatl. La idea de que los hombres de uno de los mundos desaparecidos han sido metamorfoseados en monos también se encuentra en la gran crónica maya-quiché llamada *Popol Vuh.* Entre los mexicanos del centro esta idea está relacionada con la acción del dios Quetzalcóatl bajo la forma de divinidad del viento, protectora de los magos.

La fecha 4-*quiáhuitl,* fin del "Sol de Lluvia", está colocada bajo la protección de Tláloc, dios de la lluvia, y es la máscara de este dios, reconocible por sus largos dientes y sus ojos enormes, la que se emplea como signo de la lluvia. El tercer mundo se ha desplomado bajo una lluvia de fuego. Tláloc no sólo es dios del agua, aunque tal sea su función más ordinaria, sino también dios del fuego que cae del cielo en forma de relámpagos y rayos, y quizás divinidad de las erupciones volcánicas: es la lluvia de fuego *(tlequiáhuitl).*

La fecha 4-*atl,* fin del "Sol de Agua", está representada en los monumentos antes señalados por la cifra 4 acompañada del rostro de la diosa Chalchiutlicue, "La que Lleva una Falda de Piedras Preciosas", compañera de Tláloc y divinidad del agua. Parece salir de un recipiente. Aquí se trata sin duda del agua pues el cuarto mundo tocó a su fin debido a inundaciones, en una especie de diluvio.

Así, en cuatro ocasiones, un mundo ha nacido y se ha desplomado en gigantescas catástrofes. El mundo de hoy correrá la misma suerte. Los antiguos mexicanos concebían esta historia de los universos como la de las victorias y las derrotas de principios alternos, que por turnos reinaban sobre las cosas y después eran arrojados y privados de todo dominio de la realidad. El primero de los soles es el de Tezcatlipoca, es la edad del frío, de la noche, del Norte. El segundo, bajo la influencia de Quetzalcóatl, dios del Occidente, es la época de los sortilegios y del Oeste. El tercero está dominado por Tláloc que, en tanto dios del fuego, es una divinidad del Sur. El cuarto, "Sol de Agua" y de Chalchiuhtlicue, es un periodo del Este, pues el agua y su diosa pertenecen a este punto cardinal. En cuanto al sol actual, el quinto, es el sol del centro, pues cinco es el número de este punto; la divinidad del centro es Xiuhtecuhtli, dios del fuego: así, nuestro sol es un sol de fuego, representado a veces[4] por el mismo símbolo que corresponde a este elemento, una mariposa.

Más adelante veremos qué importancia atribuían los antiguos mexicanos a los cuatro puntos cardinales, completados a menudo por un quinto punto: el centro. La tradición relativa a los "Cuatro Soles" no es más que un caso particular de un hábito mental que se encuentra por doquier: la interpretación de todos los fenómenos del mundo por la alternancia de aspectos funda-

---

[4] El sol, en la "casa de las águilas" o templo de los guerreros, era representado por la imagen de una mariposa.

mentales de la realidad que se suceden y se reemplazan, triunfan y desaparecen, y que están ligados a las direcciones del espacio. Los mitos cosmogónicos contienen pocas indicaciones sobre la manera en que se representaba a los habitantes del mundo de las épocas desaparecidas. Se pensaba generalmente que entonces había habido gigantes, y luego hombres que se alimentaban de hierbas silvestres. Los antiguos mexicanos tenían el sentimiento muy claro de la superioridad de su civilización agrícola sobre la civilización de las tribus nómadas, los chichimecas, que erraban por las regiones semidesérticas del Norte. Ellos mismos, antes de llegar al altiplano central, habían llevado aquella vida precaria en los desiertos de cactos. Por oposición a la civilización del maíz de la que eran depositarios, pintaban a sus antepasados de los "Soles" muertos como bárbaros ignorantes de la agricultura, lo que ellos mismos, de hecho, no habían dejado de ser sino pocos siglos antes.

Entre el fin del "Cuarto Sol" y el principio del nuestro se colocaba un periodo de transición que habría durado dos veces 13 años: los años en el cómputo del tiempo están divididos en series de 13, cada una de las cuales está unida a uno de los puntos cardinales; en cuatro "trecenios" se termina un "siglo indígena", ciclo de 52 años.

La "caída del cielo", sin duda el diluvio que puso fin al "Sol de Agua", ocurrió en el año 1-*tochtli* (1-Conejo), año del Sur. Los dioses Quetzalcóatl y Tezcatlipoca se propusieron levantar el cielo, y una vez terminada esta tarea, Tezcatlipoca cambió de nombre convirtiéndose en Mixcóatl, dios del Norte, el año 2-*ácatl* (2-Caña): en el calendario adivinatorio, el día 2-*ácatl* está consagrado a Tezcatlipoca. En el curso del octavo año fueron creados los *macehualtin*,[5] los hombres del pueblo. Y es que hacían falta hombres para el futuro sol, hombres destinados a ser sacrificados y a alimentar al astro con su sangre.

Con el segundo "trecenio" de años, que comienza con el año 1-*ácatl*, se entra en el dominio del Este. *Ce-ácatl* (1-Caña) es el

---

[5] Plural de *macehualli.*

nombre cíclico de Quetzalcóatl en tanto que dios del Este y de la estrella de la mañana, de la resurrección. Todo el "Quinto Sol" estará dominado por ese gran tema de la muerte y del renacimiento, del sacrificio necesario para la vida de los astros y del universo. En el año 1-*ácatl*, los dioses decidieron crear al sol. Para ello era necesario verter la sangre, liberar las fuerzas de vida. Y sólo se las puede liberar matando, por el sacrificio y por la guerra. Los dioses desencadenan la guerra tomando parte en ella ocasionalmente. El último año de la segunda serie, 13-*ácatl*, es el año del nacimiento del sol.

EL SOL

El sol que ilumina nuestro mundo ha nacido en el año 13-*ácatl*, es decir, en un año que pertenece al Este. Antes de que apareciera, los dioses se preguntaron en qué punto del horizonte iría a levantarse, y es en el Este donde lo verán surgir. Los signos *ácatl, atl, ollin, cipactli* y *cóatl* son los signos venusinos, como lo expondremos más adelante; el nacimiento del sol está completamente dominado por las potencias del Este y del planeta Venus, es decir, por Quetzalcóatl en tanto que dios de la resurrección. El sol mismo es Quetzalcóatl resucitado.

Según Sahagún,[6] los dioses se reunieron en las tinieblas, en Teotihuacán, y decidieron crear las luminarias del mundo. Se plantearon entonces, entre ellos, esta pregunta: ¿quién será transformado en astro? El primer dios que respondió fue Tecciztécatl; el segundo, Nanahuatzin. Ambos hicieron penitencia durante cuatro días y los dioses encendieron un gran fuego.

Tecciztécatl, "El de la Tierra de Caracoles" *(tecciztli)*, es el dios de la luna; su símbolo, el caracol marino, representa la matriz de la mujer y significa "nacimiento", "generación". La luna preside el nacimiento de la vegetación y de la vida en general. Quizá sea más exacto decir renacimiento, pues la luna que aparece y desaparece en el cielo simboliza para los antiguos mexicanos la muerte

---

[6] T. II. pp. 256 y *ss.*

y el renacimiento de las plantas, la alternancia de las estaciones, el sueño misterioso y el despertar del hombre ebrio. En cuanto a Nanahuatzin, pequeño dios pintado como leproso o sifilítico, cubierto de pústulas y de úlceras, es un doble de Quetzalcóatl en tanto que ha muerto y resucitado. Todo el drama mítico que va a desarrollarse está contenido en potencia en la personalidad de sus dos principales actores.

Cuando las penitencias hubieron terminado, prosigue Sahagún, las dos divinidades hicieron una ofrenda. Tecciztécatl ofrecía plumas, oro, piedras preciosas; Nanahuatzin sólo podía disponer de las espinas tintas en sangre con las cuales se había mortificado,[7] ofreció también nueve cañas: nueve es el número de las cosas terrestres e infernales, de la morada de los muertos, bajo las llanuras del Norte. Los dioses edificaron en seguida dos grandes montículos o pirámides a cuya cumbre subieron Tecciztécatl y Nanahuatzin; allí siguieron en penitencia durante cuatro días.

Al transcurrir este periodo, un poco antes de la medianoche, se llevó a los dioses los ornamentos que iban a portar para su sacrificio: a Tecciztécatl, ornamentos de plumas; a Nanahuatzin, ornamentos de papel. Luego, los dioses se alinearon a los dos lados del fuego. El primero, Tecciztécatl, trató de lanzarse al brasero; pero cuatro veces retrocedió ante las llamas. Entonces Nanahuatzin, sin vacilar, se arrojó al fuego, y el otro dios tras él.

Los dioses empezaron entonces a preguntarse de qué lado aparecerían los dos astros. Unos se volvían hacia el Norte; otros hacia el Sur; otros más hacia el Oeste; otros, en fin, entre ellos Tezcatlipoca y Quetzalcóatl, hacia el Este. Y fue en el Este donde se levantaron el sol (Nanahuatzin) y la luna (Tecciztécatl). Esta última brillaba con un resplandor tan vivo como el del sol; pero, para castigar a Tecciztécatl por su cobardía, uno de los dioses arrojó un conejo contra la faz de la luna y desde entonces dícese que este astro lleva una mancha en forma de conejo que menoscaba su claridad.

[7]A Quetzalcóatl siempre se le pinta como haciendo penitencia y traspasándose con espinas.

Pero los dioses notaron, con terror, que los dos astros no se movían. Permanecían inmóviles por encima del horizonte, quemando al mundo con sus fuegos. Es que estaban muertos y se necesitaba sangre para volverlos a la vida. Entonces los dioses decidieron sacrificarse. "Muramos todos —dijeron— y hagamos que el sol resucite gracias a nuestra muerte." Uno de ellos, Ehécatl (Quetzalcóatl en tanto que dios del viento), se encargó de matarlos a todos. Sin embargo, un dios trató de librarse de la muerte: era Xólotl, el dios doble, otro reflejo de Quetzalcóatl. Huyó a un campo de maíz, donde se convirtió en una mazorca doble; luego a un campo de maguey y se convirtió en *mexólotl* (maguey doble); finalmente al agua, donde se metamorfoseó en *axólotl*. Pero por fin fue alcanzado y muerto. Así, Quetzalcóatl, que ya se había sacrificado bajo la forma de Nanahuatzin, murió una segunda vez bajo las especies de Xólotl. Entonces, por encima de los dioses sacrificados y sacando vida de su muerte, el sol y la luna comenzaron su curso por el cielo.[8]

El cronista Torquemada da de esos acontecimientos míticos una versión ligeramente distinta. Según él, cuando los dioses notaron que el sol permanecía inmóvil, le enviaron un pájaro para interrogarlo. El sol respondió que les haría morir. Presa de la desesperación, uno de los dioses trató de alcanzar al sol con sus flechas, pero el astro lo atravesó con un dardo. Los dioses se sometieron, decidiendo entonces dar su sangre para el sol. Xólotl los sacrificó, abriéndoles el pecho con un cuchillo de pedernal, y se dio muerte a sí mismo. El sol, satisfecho, empezó a moverse.

En fin, según otra variante, los dioses Quetzalcóatl y Tláloc sacrificaron a sus hijos, que se convirtieron respectivamente en el sol y la luna. En efecto, se consideraba que ésta tenía relaciones estrechas con el agua, dominio de Tláloc.

Todas estas tradiciones manifiestan ideas comunes que es fácil encontrar en muchas otras creencias y prácticas mexicanas. Para empezar, el sacrificio por el fuego como condición de resurrección. En la fiesta de *Xocohuetzi*, el dios Xócotl, también llamado

---

[8] En azteca el sol se llama *tonatiuh* y la luna *metztli*.

Xiuhtecuhtli, "Señor de Turquesa" o "Señor del Fuego";[9] Otontecuhtli, "Señor Otomí";[10] Huehuetéotl, el "Dios Viejo", o Tota, "Nuestro Padre", está representado por una especie de momia funeraria hecha con pasta de granos comestibles, con un ornamento en forma de mariposa, símbolo del fuego que se hace subir a lo alto de un mástil. A esta momia se la deja caer de lo alto del mástil, desciende y nace, pues nacer es descender. Al mismo tiempo se sacrifican unos prisioneros arrojándolos a un brasero. Esas víctimas están encargadas de desempeñar nuevamente el papel de Nanahuatzin en el drama cósmico. Mueren para renacer, y su suerte representa la de los muertos; por ello la fiesta también se llama *Miccaílhuitl*, "fiesta de los muertos".

En los *Anales de Cuauhtitlán* se encuentra el relato del sacrificio de Quetzalcóatl. Perseguido por un hechicero poderoso, este dios se detuvo al borde del "agua celeste, de la mar divina", sobre la costa del Golfo de México. Allí levantó una hoguera y se arrojó a ella. A medida que se consumía, se vieron surgir unos pájaros y después una estrella brillante: era el planeta Venus, Tlahuizcalpantecuhtli, es decir, Quetzalcóatl resucitado. Cuando los emperadores aztecas morían se les quemaba revestidos con los ornamentos de Quetzalcóatl; así se les aseguraba la resurrección.

Otro tema que se encuentra en las tradiciones relativas al nacimiento del sol es el de la sangre necesaria para la vida del astro. Es imposible comprender nada de la religión de los antiguos mexicanos si no se tiene en cuenta que, para ellos, los sacrificios humanos eran indispensables para la buena marcha del universo. El sol necesita alimentación, y este sustento es el *chalchíhuatl*, "el agua preciosa", es decir, la sangre humana. En la *Historia de los mexicanos por sus pinturas* puede verse a los dioses desde el comienzo del mundo preocupados por dar sangre al sol, desencadenando la guerra. El sacrificio sangriento es la alimentación *(tlazcaltiliztli)* del sol. En el centro del bajorrelieve del gran Calendario Azteca se ve un rostro que saca la lengua: es Tonatiuh, el sol,

---

[9] Turquesa y fuego son sinónimos en el lenguaje teológico.

[10] Los nahuas han tomado más de una creencia de los otomíes, quienes los precedieron en el valle de México.

que sediento exige su tributo de sangre. Cuando nacía un varón, se le dirigía una especie de discurso en que se le decía especialmente que había venido a la tierra para dar sangre al sol. El destino normal de un guerrero consiste en ofrecer víctimas a los dioses, y luego caer él mismo sobre la piedra de los sacrificios. Se convierte, entonces, en los cielos, en un compañero del sol. Sahagún escribía, mientras le dictaban sus informantes indígenas:

> El corazón del prisionero, que llamaban la preciosa tuna del águila *[cuauhnochtli],* era ofrecido al sol, príncipe de turquesa [esto es, del fuego], águila que asciende, para su alimento. Después de la ofrenda, lo echaban en una jícara de madera o vasija del águila *[cuauhxicalli];* y a los que morían después de sacados los corazones los llamaban habitantes del país del águila *[cuauhteca].*

Convertidos en compañeros del sol, los guerreros sacrificados lo siguen en la primera mitad de su curso, desde el Este hasta el cenit, cantando y agitando sus armas. Al cabo de cuatro años se transforman en colibríes y vuelven a la tierra. Se comprende, entonces, que Huitzilopochtli, el "Colibrí de la Izquierda", es decir, del Sur, sea a la vez un dios solar y la divinidad guerrera por excelencia.

Cuando el sol llega a la mitad del cielo, los guerreros desandan su camino y se van al Oriente. Pero un nuevo cortejo viene al encuentro del astro y lo acompañará hasta el Poniente: es el cortejo femenino, pero de apariencia no menos guerrera que el primero, de las Cihuateteo, las "Mujeres Divinas", que entonan cantos bélicos y se entregan a simulacros de combate. Estas Cihuateteo son las mujeres muertas de parto. No sólo se asimilan a los guerreros muertos en el campo de batalla o sobre la piedra de los sacrificios —también se les llama *mocihuaquetzque,* "mujeres valientes"—, sino que están revestidas de un prestigio sobrenatural y un tanto siniestro; formas vagas que rondan por el Occidente, fantasmas del crepúsculo, vienen a traer sobre la tierra el espanto y la enfermedad. Cuando una mujer muere de parto, el cortejo fúnebre se integra con mujeres que imitan el combate. Por lo demás, efectivamente han de sostener combates contra los *telpopochtin,* jóvenes nobles, alumnos de la escuela sacerdotal y militar llamada *telpochcalli.* Realmente tratan de apoderarse del cuerpo para cortarle el dedo medio de la mano izquierda, dedo con que se sostiene la rodela, para utilizarlo como talismán en la guerra. Los *telpopochtin* constituyen, a la vez, una sociedad profesional y una cohorte de edad; son los jóvenes dedicados a la guerra y a la muerte en el sacrificio. Encarnando la valentía masculina, tratan de procurarse el talismán del arrojo femenino; hombres sacrificados, irán a desempeñar, en el cielo oriental, el papel que las mujeres divinizadas representan en el cielo del Oeste. Al mismo tiempo, el combate que se lleva a cabo alrededor del cortejo fúnebre simboliza la rivalidad de los dos sexos, eternamente opuestos aun en el cielo.

Una vez enterrada, al cabo de cuatro días, la mujer se convierte en una Cihuatéotl.[11] Va a habitar en el cielo del Oeste, que por lo demás se llama *Cihuatlampa,* "el lado de las mujeres", y va a acompañar todos los días al sol del cenit al Poniente. A la hora del crepúsculo en ciertos días del año, las Cihuateteo descienden a la tierra y espantan o afectan de parálisis o de epilepsia a quienes las encuentran. Aparecen en las encrucijadas, temibles cruces en que las influencias de los diferentes sectores del mundo se oponen y se neutralizan, en que lo insólito, lo extraño y lo espantoso se vuelven posibles.

Tal es, por tanto, el trayecto del sol en el cielo. Rodeado de guerreros por la mañana, de mujeres divinizadas por la tarde, llega al Occidente. Penetra bajo la tierra en Mictlan, el infierno del Norte, donde empieza entonces el día. En todos los tiempos, para los antiguos mexicanos el Oeste fue el punto de contacto de los dos mundos, de la vida y de la muerte, ya sea que la trayectoria sea de la vida a la muerte (puesta de sol) o de la nada a la vida *(Tamoanchan;* el jardín del Oeste es la morada de los dioses y de las diosas de la generación). El Oeste es el camino entre lo alto y lo bajo, y ese camino conduce, forzosamente, a la morada subterránea, a la más profunda de las moradas, Mictlan, parapetada

---

[11] Singular de *Cihuateteo.*

detrás de "los nueve ríos" debajo de las grandes estepas septentrionales, "bajo la llanura divina". Y del Norte, el sol subirá de nuevo al Oeste, el lado del renacimiento de los dioses jóvenes del maíz joven, "el país rojo y negro" *(Tlillan Tlapallan)*, es decir, la comarca de la muerte y de la resurrección. Fue en el este de México donde Quetzalcóatl se sacrificó para convertirse en el planeta Venus; también fue Quetzalcóatl el que, con otro aspecto, se convirtió en el sol que se ha levantado por el Este. Cada día, el ascenso, el declinar y el regreso del sol son el gran símbolo de la muerte y del renacimiento. Cada día, el astro da la prueba de que es posible el paso de un mundo a otro. Rodeado de guerreros y mujeres resucitadas, él mismo es la mayor garantía de la resurrección.

Cuando el sol está en el cenit, triunfa y domina a la naturaleza y a los hombres; parece extender su fuego por todo el mundo. Es entonces cuando toma, al menos para los aztecas, quienes lo adoraban como dios tribal, la personalidad de Huitzilopochtli. Dios guerrero, ávido más que ningún otro de sacrificios humanos, Huitzilopochtli ha nacido de una diosa de la tierra, Coatlicue, "La que Tiene una Falda de Serpientes". Coatlicue, vieja diosa-madre, habiendo recogido una bola de plumas que colocó en su seno, quedó encinta. Sus hijos, los Centzon Huitznahua, los "Cuatrocientos (innumerables) Sureños", a instigación de su hermana, Coyolxauhqui, decidieron matarla para vengarse de lo que consideraban un deshonor. Pero el niño milagroso nació ya armado en el momento en que los Centzon Huitznahua iban a matar a su madre. Estaba pintado de azul, color del Sur, y de amarillo, color del fuego y del sol. Blandiendo su arma característica, la *xiuhcóatl*, "serpiente de fuego", exterminó a Coyolxauhqui y a los Centzon Huitznahua.

El sentido cosmológico de la leyenda es muy claro. El sol triunfante, nacido de la tierra (Coatlicue), aniquila las tinieblas (Coyolxauhqui) y borra las estrellas: los Centzon Huitznahua son las estrellas del Sur, que hacen las veces de contrapeso de los Centzon Mimixcoa, las estrellas del Norte; pero eso no es todo. La bola de plumas que ha fecundado a Coatlicue, ¿no es acaso el alma de un guerrero sacrificado que ha descendido del cielo en esta forma, análogo a los colibríes en que reencarnan los cuauhteca? Huitzilopochtli no es solamente el sol, uno de los aspectos del sol, sino el dios tribal de la guerra y del sacrificio. En el himno *Huitzilopochtli icuic*, dedicado a él, el dios, revestido con su armadura de plumas, grita: "¡Por mí se ha levantado el sol!" Lo que el escoliasta azteca interpreta como: "La hora de los sacrificios ha llegado." El sol y el sacrificio humano están tan estrechamente asociados en el pensamiento mexicano que la salida del astro simboliza esta asociación: es el sol como guerrero sacrificante y sacrificado. Mientras que Nanahuatzin renace bajo la forma del sol después de ser sacrificado, Huitzilopochtli empieza su carrera por una matanza. Esos dos aspectos que se unen son también en cierto sentido antitéticos. Quetzalcóatl-Nanahuatzin es el sol-dios de los sacerdotes que ven en el autoholocausto voluntario la más elevada expresión de su doctrina del mundo y de la vida; Quetzalcóatl es un rey-sacerdote, respetuoso de los ritos y de los caprichos del destino, que no combate y que se ofrece a morir para renacer. Huitzilopochtli, al contrario, es el sol-héroe de los guerreros que se defiende, que lucha y que triunfa; *invictus sol* que abate a sus enemigos bajo las llamas de su *xiuhcóatl*. Cada una de las personalidades divinas corresponde al ideal de una clase distinta de la sociedad azteca, o mejor, de una de las fracciones principales de la clase dirigente. En cuanto a los campesinos, a la gente del pueblo, sabemos que adoraban a un sol-padre, pero ignoramos hasta qué punto la idea que de él tenían era distinta de las que estaban en vigor entre los jefes, o había sufrido su influencia.

Sea como fuere, si es exacto que los mitos cosmológicos reflejan el mundo, ello sólo es indirectamente; son el reflejo de un reflejo. La naturaleza y sus fenómenos más visibles sólo aportan una especie de materia prima que es moldeada por los deseos, las aspiraciones y el orgullo de cada fracción del cuerpo social.

LOS ASTROS Y LOS CIELOS

El sol, la luna y el planeta Venus son los tres astros que más han llamado la atención de los antiguos mexicanos y provocado el más abundante florecimiento de creencias y de mitos. La luna *(metztli)* es un dios que se ha sacrificado o, según otras leyendas, el hijo de Tláloc. Las manchas que dibujan vagamente sobre su disco una forma que las tradiciones campesinas de Europa explican por la presencia de un "hombre en la luna", representaban según los indios a un conejo. Todavía hoy, los indígenas de México creen distinguir un conejo en la faz del astro.

Las fases de la luna, su desaparición y su reaparición, han llamado notablemente la atención de los pueblos de México. Veían en ese fenómeno el prototipo de todo lo que muere y renace periódicamente: la vegetación que se adormece y cobra una vida nueva según las estaciones, el hombre ebrio que duerme pesadamente y se despierta después de haberlo olvidado todo, la sangre menstrual de las mujeres. La luna representa el lado femenino de la naturaleza, la fecundidad, la vegetación y también la embriaguez. Su símbolo es el caracol marino, *tecciztli,* que es al mismo tiempo el símbolo del órgano genital femenino. Cuando se producía un eclipse pensábase que la luna moría; si una mujer encinta salía de su casa durante un eclipse de luna, debía llevar a la cintura una hoja de obsidiana, sin la cual su hijo nacería con labio leporino, pues su rostro se parecería al del conejo lunar. Todavía hoy en el campo los indios dicen que "la luna ha muerto" cuando se produce un eclipse, y las mujeres encintas sólo salen de sus casas llevando un cuchillo o unas tijeras a la cintura.

Aunque la luna pasara por un dios sacrificado, no cabe duda de que se la representaba a menudo como una diosa en oposición al sol, astro masculino. Según una tradición antigua, en Teotihuacán se sacrificaban hombres al sol y mujeres a la luna. Como se verá más adelante, hay toda una serie de diosas que presiden la tierra y la vegetación; por ello están estrechamente ligadas a la luna y todas llevan un atributo lunar: el *yacametztli,* "luna de nariz", ornamento en forma de media luna suspendido del tabique nasal encima de la boca. Por ciertos aspectos, la luna está en relaciones muy claras con el agua. En los manuscritos se halla representada por una especie de recipiente en forma de media luna lleno de agua sobre la cual se destaca la silueta de un conejo.

La diosa del agua y las diosas terrestres tienen, por lo demás, no pocos atributos en común, particularmente en sus vestiduras. De hecho, dadas las condiciones climáticas que reinan en México, la imagen de fecundidad, de fertilidad, de abundancia vegetal, implica necesariamente la del agua.

Los dioses de la embriaguez, de la bebida alcohólica llamada "pulque",[12] son divinidades lunares; la luna no sólo representa por sus diversas fases el sueño y el despertar del hombre ebrio —sueño y despertar que han sido considerados aspectos misteriosos y llenos de un sentido oculto—, sino que, en tanto que astro de la fertilidad, la luna preside las cosechas abundantes. Ahora bien, los dioses de la embriaguez son los dioses de las cosechas que protegen los banquetes, verdaderos festivales de bebida por los cuales se celebra la abundancia. Se les consideraba como innumerables y se les llamaba Centzon Totochtin, los "Cuatrocientos Conejos". Según una de las tradiciones que han llegado hasta nosotros, decíase que había infinitas formas de la embriaguez y que por esta razón los dioses de la bebida debían ser igualmente innumerables. Sin embargo, cuando se examinan los nombres de estas divinidades, puede verse que muy a menudo esos nombres se refieren a un lugar determinado, a un pueblo. Por ejemplo, Tepoztécatl, uno de los Totochtin, lleva un nombre que significa "(el dios) de Tepoztlán", poblado nahua del valle de Cuernavaca. Resulta verosímil que los sacerdotes que trataron de unificar y de "racionalizar" el panteón mexicano hayan formado un conjunto de dioses (como los Centzon Mimixcoa, los Centzon Huitznahua y las Cihuateteo) agrupando pequeños dioses locales que presidían en cada poblado la cosecha y las festividades que la acompañaban. El más importante de los "Cuatrocientos Conejos" era Ometochtli, "Dos-Conejo".[13] Uno de los himnos religiosos que nos ha transmitido Sahagún estaba consagrado a los Totochtli.

Cuando se compara lo que se ha dicho del sol y de la luna, pueden verse transparentar bajo los dos astros los rasgos de la an-

---

12 En azteca: *octli.*
13 *Y no "dos conejos" ome totochtin.* El dios lleva un nombre cíclico, es decir, una fecha del calendario ritual compuesta de la cifra "dos" y del signo "conejo".

tigua pareja primordial, el fuego (sol) y la tierra (luna). He allí la muy antigua dualidad trasladada al cielo. La luna representa, por así decirlo, a la tierra en el mundo celeste.

El planeta Venus era llamado Hueycitlalin, la "Gran Estrella"; en tanto que dios, es Tlahuizcalpantecuhtli, es decir, Quetzalcóatl resucitado. Los *Anales de Cuauhtitlán* y los diversos manuscritos siempre representan a ese dios como a un arquero. Con sus flechas atraviesa, según las fechas, categorías de personas determinadas; por ejemplo, a los viejos durante los días 1-*cipactli,* a los señores durante 1-*mázatl,* etc. Dios-arquero, era temido como causante de enfermedades y se tenía cuidado de cerrar toda abertura y de tapar las fisuras de las casas cuando Venus subía sobre el horizonte. La creencia en un dios-arquero, encarnación del planeta Venus, era común a diversas poblaciones de México. Entre los huicholes de hoy, el dios venusino Tonoami está armado con arco y flechas. Por esta particularidad, Tlahuizcalpantecuhtli se asemeja a las divinidades de los pueblos cazadores, de los chichimecas bárbaros del Norte. Está representado casi de la misma manera que Mixcóatl, el dios de la caza, divinidad de los bárbaros septentrionales.

Bajo otro aspecto, Tlahuizcalpantecuhtli aparece con el disfraz fúnebre del dios de la muerte, Mictlantecuhtli, con el rostro cubierto por una máscara en forma de cabeza de muerto. Ese disfraz lo caracteriza en tanto que dios de mal agüero, dador de enfermedades; pero, sobre todo, recuerda que Venus ha nacido de la muerte de Quetzalcóatl. Después del sacrificio, Quetzalcóatl, convertido en Tlahuizcalpantecuhtli, pasó cuatro días en el infierno del Norte, el dominio de Mictlantecuhtli. También aquí se vuelve a encontrar el tema fundamental de la muerte y del renacimiento, del viaje al país de la muerte que une las tres personalidades de Quetzalcóatl-Xólotl-Tlahuizcalpantecuhtli.

La observación de los movimientos de Venus había cobrado una gran importancia en la astronomía y en la cronología indígenas. Sesenta y cinco años venusinos equivalen a 104 años solares, el gran periodo llamado *huehuetiliztli,* "vejez"; al cabo de ese tiempo, los ciclos solar y venusino volvían a comenzar desde la misma fecha del calendario adivinatorio. Por otra parte, los años venusinos se contaban por grupos de cinco (equivalentes a ocho años solares); el primer año de cada grupo pertenecía al Este, el segundo al Norte, el tercero al Oeste, el cuarto al Sur y el quinto al centro. No cabe duda de que por ello Tlahuizcalpantecuhtli es representado siempre con el rostro pintado con cinco grandes puntos blancos, dos sobre cada mejilla y uno sobre la nariz.

Los antiguos mexicanos distinguían y conocían numerosas constelaciones, como por ejemplo las Pléyades, la Osa Mayor, etc. Observaban especialmente el movimiento de las Pléyades cada fin de "siglo", es decir, cada 52 años; si ese movimiento a medianoche continuaba, el mundo podía estar seguro de no perecer aún durante otro periodo de 52 años. En cuanto a la Osa Mayor, está representada por Tezcatlipoca, a quien siempre se le muestra con una pierna a la que le falta el pie. Decíase que ese pie había sido devorado por el monstruo terrestre: es la última estrella de la "cola" de la Osa Mayor, que en la latitud de México desaparece bajo el horizonte "devorada por la tierra" durante una parte del año. Por ese rasgo, Tezcatlipoca es curiosamente análogo al dios maya Hurakán, que está mutilado de la misma manera y que corresponde, seguramente, a la misma constelación. Pero Tezcatlipoca, el más multiforme, quizá, de los dioses mexicanos, no sólo representa a la Osa Mayor. También es todo el cielo nocturno donde la oscuridad reina soberanamente, es el viento de la noche que sopla en las tinieblas; se aparece en las sombras y en las encrucijadas a los guerreros trasnochadores y les lanza desafíos. Sintetiza el lado sombrío y nocturno de la naturaleza, la noche propicia a los brujos y a los maleficios; él mismo dios-hechicero, ve desarrollarse en su espejo de obsidiana todos los acontecimientos del mundo.[14]

De manera general, todos los cuerpos celestes secundarios se dividían en dos grupos opuestos: los Centzon Mimixcoa al Norte, los Centzon Huitznahua al Sur. Las "Cuatrocientas Serpientes de Nubes", pequeñas divinidades septentrionales, rondan la gran es-

---

[14] El nombre del dios significa "espejo *(tézcatl)* humeante *(popoca)*", es decir, espejo de obsidiana, el cristal volcánico negro.

tepa de cactos; los "Cuatrocientos Meridionales" son los hermanos de Huitzilopochtli, a los que dio muerte al nacer.

A los planetas se les llamaba *tzontémoc*, "los que descienden", porque su movimiento, en contraste con el de las estrellas, los hace desaparecer tras el horizonte. Esos periodos de desaparición en lo invisible, en la morada de los muertos, los han hecho identificarse con las Cihuateteo y con los Tzitzimime, monstruos del Oeste que aguardan, disimulados detrás del mundo que nuestros ojos conocen, la destrucción del universo por nuevos cataclismos.

Los antiguos mexicanos reconocían la existencia de 13 cielos sobrepuestos, pero es difícil saber qué particularidades atribuían a cada uno. Según la *Historia de los mexicanos por sus pinturas*, el primer cielo es el de las estrellas. El segundo está habitado por los Tzitzimime, monstruos de aspecto esquelético que se lanzarán sobre el mundo cuando, en la fecha fijada por los dioses, nuestro sol perezca. A partir de ese momento, el fuego nuevo que se prende cada 52 años no se podrá volver a encender, habrá temblores de tierra y los Tzitzimime devorarán a los vivos. En el tercer cielo se encuentran "cuatrocientos", es decir, innumerables seres creados por Tezcatlipoca y encargados de guardar los cielos: algunos son rojos (color del Este), otros son negros (Norte), otros blancos (Oeste), otros azules (Sur); otros, en fin, son amarillos, color del fuego y del centro.

El cuarto cielo es la morada de las "aves que descienden sobre la tierra". Por ello hay que entender, probablemente, las almas de los guerreros sacrificados, que se transforman en aves preciosas al cabo de cuatro años para volver a rondar por los campos de México. El quinto cielo es el de las "serpientes de fuego", es decir, de los meteoros y de los cometas. Como muchos pueblos antiguos, los mexicanos atribuían a estos cuerpos celestes un gran valor como presagios. Se dice que un cometa y otros fenómenos celestes insólitos advirtieron al emperador Moctezuma de la próxima llegada de los españoles y de la sujeción de su país. Un cometa es una "estrella humeante", *citlalin popoca*. Anuncia un hambre, una guerra, la muerte de un rey. Su cauda brillante es de flechas de fuego. Si esas flechas alcanzan a un hombre o a un animal provocan, en el lugar tocado, una inflamación donde se desarrolla un gusano por una especie de generación espontánea.

En el sexto cielo se hallan los vientos, en número de cuatro, uno para cada punto cardinal. El séptimo cielo es el del polvo (?). En el octavo habitan los dioses.

Los cinco cielos superiores están reservados, en conjunto, a los grandes dioses, a la pareja primordial Tonacatecuhtli y Tonacacíhuatl. Tal parece que se fijó en 13 el número de los cielos porque ése es el gran número mágico, el número supremo del calendario. Al parecer causó cierto embarazo, por decirlo así, tener que llenar los últimos cinco cielos. Ora se atribuye el noveno cielo a la pareja primordial, ora el undécimo o el decimotercero.

Los días del calendario adivinatorio que llevan las cifras 9 y 13 están caracterizados como sigue:

1. Días que llevan la cifra 9: días de maleficios; 9 es también el número de la tierra y de las moradas subterráneas.

2. Días con la cifra 10: dedicados a Tezcatlipoca y a Tlahuizcalpantecuhtli.

3. Días con la cifra 11: dedicados a Citlalicue, "La que Tiene una Falda de Estrellas", es decir, Tonacacíhuatl.

4. Días con la cifra 12: dedicados al sol.

5. Días con la cifra 13: dedicados a Tonacatecuhtli.

Así, la sobreposición de los cielos está calcada de la sucesión de los días. Trece expresa tanto el conjunto de los espacios como el de los tiempos.

Tal es, en resumen, la representación mexicana del mundo celestial. El sol, nacido de un sacrificio, atraviesa el cielo de Este a Oeste con su cortejo masculino y su cortejo femenino, pasando por el pleno mediodía, donde triunfa y reina sobre la naturaleza. Llega al Oeste, y se hunde bajo la tierra, en la morada de los muertos. Entonces el mundo queda entregado a las potencias nocturnas, al mago Tezcatlipoca, a las Cihuateteo, monstruos indistintos y temibles del crepúsculo, a las flechas de Tlahuizcalpantecuhtli, a los presagios inquietantes de los meteoros; sólo la luna brilla como símbolo de fertilidad y de abundancia para el porvenir. Por encima del curso de los astros, los cielos sobrepuestos se escalonan, con su abigarrada población de monstruos y de divinidades; y, en la cumbre del universo, en los cielos superiores "donde los aires son muy fríos, delicados y helados", impasible y casi inactiva, ajena a las actividades turbulentas y contradictorias de los dioses y los hombres, fuente inagotable de vida sin movimiento y sin historia, casi olvidada, mas asegurando por su sola existencia la de todos los seres, reina la vieja pareja primordial.

LA TIERRA Y LA VEGETACIÓN

En conjunto, los dioses celestiales son dioses cazadores y guerreros, tales como Mixcóatl o Huitzilopochtli; armados de arcos y flechas o de hondas, llevando a veces una especie de zurrón de malla, son representados a la manera tradicional de los bárbaros del Norte, los chichimecas. No faltan razones para creer que, en efecto, esos dioses tal como aparecen en la época de la conquista española, son dioses chichimecas; habían sido llevados recientemente por los nahuas bárbaros que invadieron progresivamente el altiplano central. En cambio, el panteón mexicano albergaba una serie de divinidades ciertamente más antiguas, las que eran adoradas por las poblaciones sedentarias, las tribus de agricultores del centro y del Este, mucho antes de la invasión de los nómadas cazadores: son las divinidades de la tierra, del maíz, del agua. Desde una época que podemos llamar arcaica superior, hacia el comienzo de nuestra era, los pueblos del altiplano celebraban el culto al dios de la lluvia, Tláloc. También las diosas terrestres parecen haber sido adoradas de muy antiguo. Otros dioses conocidos de los pueblos prenahuas fueron olvidados por las tribus recientes, como aquel dios obeso cuya efigie de piedra o de arcilla se encuentra en diversos sitios de México, más del que no se han perpetuado ni el nombre ni el culto.

Es preciso, en suma, distinguir dos "linajes" entre los dioses mexicanos: los dioses de los agricultores y los dioses de los cazadores. Pero, naturalmente, sería erróneo trazar entre ellos un foso infranqueable; contaminaciones, interpenetraciones, racionalizaciones recientes, en no pocos casos han aproximado o confundido personalidades divinas de origen diferente. Las diosas terrestres, por ejemplo, presentan rasgos guerreros evidentemente inspirados en tradiciones propias de los nahuas septentrionales. A la tierra se la representaba como a un ser monstruoso, de mandíbulas muy abiertas, Tlaltecuhtli, el "Señor de la Tierra". Es él quien devora al sol, al atardecer, cuando el astro desaparece, y también quien devora la sangre de los sacrificados. Reposa sobre el gran monstruo *cipactli,* especie de gigantesco cocodrilo que nada sobre las aguas creadas por los dioses al principio del mundo.

Tlaltecuhtli no desempeñaba, por cierto, un gran papel en la religión propiamente dicha. Como cierto número de dioses secundarios, no se le ve aparecer más que en el calendario adivinatorio, algunas de cuyas fechas "domina"; sus grandes mandíbulas simbolizaban a la tierra en los manuscritos, y era encima de ellas donde los escribas representaban al sol o a los astros. Se mencionaba también su nombre en ciertas invocaciones, prometiéndole sacrificios.

La mayor parte de las veces era a las diosas terrestres a las que se dedicaban el culto y los ritos; es a ellas a quienes se representa con profusión en los libros sagrados, es su nombre el que se invoca en los himnos. También aquí nos encontramos ante un "grupo divino" compuesto de numerosas personalidades a menudo confundidas y que poseen, bajo nombres distintos, atributos comunes. Es posible que diversas tribus, diversas ciudades hayan elaborado mitos y creencias relativas a la tierra, y que los sacerdotes hayan tratado de unificar esas tradiciones antiguas. El aspecto más frecuente con que aparecen esas diosas es el de "diosas-madres". Algunas llevan nombres significativos: Teteoínan, la "Madre de los Dioses"; Tonantzin, "Nuestra Madre Venerada"; Toci, "Nuestra Abuela"; se trata aquí, en realidad, de la compañera del viejo dios Tota, "Nuestro padre", el dios del fuego (y del sol), asociado y opuesto a la tierra-madre. A otras diosas se les menciona, en los mitos que les conciernen, como madres de dioses: Coatlicue es la madre de Huitzilopochtli, y se dice que Cihuacóatl fue la primera

mujer y que parió dos gemelos.[15] Según otras tradiciones, Cihuacóatl, la "Mujer Serpiente", dio a luz al dios Mixcóatl, simbolizado por una flecha cuya asta estaba hecha de un tallo espinoso de
tzihuactli, planta típica de las planicies del Norte. En los merca-
dos veíase a veces una mujer que se sentaba y luego se iba, dejan-
do en el suelo una cuna; cuando alguien miraba dentro de la
cuna, no veía allí un niño, sino un cuchillo de pedernal. El cuchillo de pedernal, *técpatl,* representa a Mixcóatl, y la mujer
no era otra que Cihuacóatl disfrazada.

Las diosas terrestres también tienen un aspecto guerrero.
Teteoínan y sus compañeras son llamadas Yaocíhuatl, "Mujer
Guerrera", o Cuauhcíhuatl, "Mujer Águila". Están adornadas
con plumas de águila, símbolo de la guerra. Con el nombre de
Quilaztli, la diosa terrestre aparece como una divinidad de la guerra entre los pueblos nahuas del Norte y del Oeste, antes de su
instalación en el valle de México. La *Historia de los mexicanos
por sus pinturas,* en un pasaje extremadamente curioso que sin
duda refleja una tradición muy antigua y hoy oscura, cuenta que
un venado de dos cabezas, milagrosamente caído del cielo, sirvió
de fetiche de guerra al dios septentrional Camaxtli (Mixcóatl),
convirtiéndose luego, él mismo, en el dios de uno de los pueblos
fundados por los chichimecas en el altiplano central; este animal
sobrenatural no era otro que la diosa Cihuacóatl.

Este aspecto guerrero de las diosas terrestres no debe sorprender si se recuerda lo que hemos dicho a propósito de las Cihuateteo. Esas diosas son, ellas mismas, el prototipo de las "mujeres valientes" divinizadas que forman un belicoso cortejo del sol. Más
adelante veremos otros acercamientos entre esas dos series de entidades femeninas.

Por último, existía otra diosa más de la tierra, identificada sin
duda tardíamente con las primeras: Tlazoltéotl, la diosa de la in-
mundicia, de la impureza. Presidía no sólo la fecundidad y la vege-

[15] Es decir, que la tierra da nacimiento al planeta Venus, Quetzalcóatl-Xólotl. El
nombre de Quetzalcóatl, "Serpiente Emplumada", puede significar "precioso gemelo",
pues *quetzalli,* "pluma de quetzal", designa todo lo que es precioso, y a los gemelos se
les llama "serpientes". Aún hoy, en México se designa a los gemelos con palabra "cuates",
corrupción de *cóatl.*

tación, sino también el amor carnal y la confesión de los pecados. Es sabido que la religión mexicana imponía una confesión de las faltas, especialmente de las infracciones a la moral sexual; esta confesión estaba bajo la invocación de Tlazoltéotl. Diosa de atributos complejos, también regía la medicación mágica y la purificación por el baño de vapor; era, asimismo, una diosa madre, y su templo se conocía como Tocititlán, "el lugar de nuestra abuela".

Tlazoltéotl se divide, por decirlo así, en cuatro divinidades, las Ixcuiname, una para cada uno de los puntos cardinales. El nombre que las designa no parece azteca, sino que quizás pertenezca a la lengua de los huastecos del este de México, lengua emparentada con la familia maya; al parecer, *ix-cuynin* quiere decir "algodón". En efecto, Tlazoltéotl y sus cuatro "reflejos" siempre llevan la cabeza ceñida por una banda de algodón en bruto en que están colocados unos husos. Son divinidades del tejido, de los tejedores, y es sabido que el tejido del algodón no ha conocido en ninguna parte mayor esplendor que en la región oriental de México, donde vivían los huastecos al lado de otras tribus civilizadas. Otros caracteres más parecen demostrar que Tlazoltéotl fue una diosa de las poblaciones del Este; lleva el *quechquémitl,* vestimenta típica de las mujeres de la vertiente oriental, y su rostro está cubierto, alrededor de la boca, por una capa de hule, el producto característico de las Tierras Calientes del Levante; no olvidemos que el algodón mismo no se daba en el altiplano, sino en una zona de altitud reducida, entre la mesa central y el Golfo.

Ya he indicado en otra parte[16] que Tlazoltéotl primero fue la diosa de los pueblos agrícolas y de los hábiles artesanos de la región costera conocidos tradicionalmente con el nombre de olmecas, "la gente del país del hule", y que su culto fue importado al altiplano por los otomíes. Sea como fuere, la fusión de las diversas deidades de la tierra estaba ya muy avanzada en la época azteca. El sincretismo racionalizador de los sacerdotes profesionales había realizado su obra y transferido de cada una de esas personalidades a las otras los rasgos característicos que le eran reconoci-

16 *La famille otomi-pame du Mexique central,* 4ª. parte, capítulo IV.

dos por las distintas tradiciones locales. Tan sólo el matiz erótico de Tlazoltéotl le había quedado como particularidad típicamente huasteca; en efecto, en el antiguo México era costumbre atribuir a los huastecos una tendencia particular a los placeres carnales, así como a la embriaguez y a la magia.

Tal como nos las pintan los cronistas, o tal como las vemos en las páginas de los manuscritos indígenas, las diosas terrestres generalmente llevan el *quechquémitl* triangular de las mujeres del oriente de México, una banda de algodón con unos husos en la cabeza, y el ornamento de la nariz en forma de media luna, el *yacametztli,* que recuerda el vínculo místico de la tierra y de la luna y la influencia de este astro sobre la vegetación y la fertilidad. Se apoyan en un bastón rematado en una especie de sonaja, el *ayochicahuaztli* o "sonajero de niebla", cuyo sonido llama a las nubes y a la lluvia por el efecto de la magia imitativa. En la mano llevan una escoba de hojas. Barrer la tierra es la operación que precede a la siembra del maíz,[17] mientras que el bastón con sonajero sirve al mismo tiempo para excavar los agujeros en que se depositan los granos.

Las vestimentas de las diosas terrestres son blancas, y su cuerpo las más de las veces está marcado por profundas arrugas. El blanco es el color del Oeste, lado del nacimiento y de la vejez. El Oeste es *Cihuatlampa,* el "lado de las mujeres", de las diosas y de las mujeres divinizadas, las Cihuateteo. También es *Tamoanchan,* el jardín mítico del Occidente. Una de las etimologías que se han propuesto para este último término, bastante enigmático, le da el sentido de "país del declinar" o "del descenso", lo que designa tanto la puesta del sol como el nacimiento de los hombres, puesto que, como lo hemos dicho, todo nacimiento es un descenso. Es en el Oeste donde se encuentra el agujero en la tierra del que salieron las generaciones más antiguas, los viejos chichimecas de antaño, cuya diosa es Itzpapálotl, la "Mariposa de Obsidiana"; aho-

---

[17] Aún hoy, entre las poblaciones de agricultura relativamente primitiva, como los otomíes, se llama "barrer" al trabajo que consiste en limpiar la tierra de guijarros o de polvo antes de excavar los agujeros en que se siembra el maíz. Uno de los meses del año azteca, dedicado a las diosas terrestres, llevaba el nombre de *Ochpaniztli,* "barredura".

ra bien, el himno que citamos más adelante identifica expresamente a Teteoínan y a Itzpapálotl. En este mismo himno, la diosa de la tierra aparece claramente como una deidad del Norte, la que ha vivido en las "nueve llanuras", en la "llanura divina" de los grandes desiertos de cactos. Ello responde a la idea que tenían los aztecas del pasado más antiguo de su raza, y también a la idea de que *Tamoanchan* era la morada de los muertos antiguos, de los hombres desaparecidos en el abismo de los tiempos remotos, simbolizados, por esta razón, a través de un árbol caído. Las imágenes de nacimiento y de muerte, de antigüedad y de desaparición irremisible estaban demasiado ligadas en el espíritu mexicano para que podamos asombrarnos de ver a las diosas de la fecundidad y de la fertilidad aparecer también como las viejas divinidades de los desiertos en donde se encontraba la morada de los muertos.

Dos de los himnos conservados por Sahagún se refieren a las diosas terrestres; de ellos citaremos algunos pasajes:

Himno de Teteoínan

1. La flor amarilla abrió la corola.
   Nuestra madre, la de la máscara de piel,[18]
   Ha venido de *Tamoanchan.*
2. La flor amarilla. . .
3. La flor blanca abrió la corola.
   Nuestra madre, la de la máscara de piel,
   Ha venido de *Tamoanchan.*
4. La flor blanca. . .
5. ¡Oh! Se ha vuelto diosa entre los cactos *teocómitl,*
   Nuestra madre, Itzpapálotl.
6. ¡Oh! Tú has contemplado las nueve llanuras. . .

Estos fragmentos bastan para mostrar el carácter con frecuencia oscuro de los textos religiosos, entretejidos con alusiones mitológicas. La flor amarilla o blanca es la vegetación misma, y espe-

---

18 *Teomechahue:* literalmente, "que lleva en la cara una máscara (hecha de la piel) del muslo de una diosa". En las ceremonias dedicadas a Teteoínan se desollaba a una mujer y con la piel de uno de sus muslos se hacía una máscara destinada a la diosa.

cialmente el maíz ya maduro: la diosa viene de *Tamoanchan*, lugar de la madurez y de la vejez. La estrofa cinco la identifica con Itzpapálotl, la diosa chichimeca de los bárbaros septentrionales; así, nos es descrita en medio de los cactos *teocómitl*, "ollas divinas", una de las especies más características de la vegetación xerófila que cubre las vastas estepas del Norte, las "nueve llanuras". Otro pasaje del mismo himno nos muestra a Teteoínan en la "llanura divina". Hecho revelador: se dice expresamente que se ha "vuelto diosa", es una mujer divinizada, una Cihuatéotl.

También se encuentran algunos pasajes significativos en el *Himno de Cihuacóatl:*

> 1. ¡El águila, el águila, *Quilaztli!*
>   Pintada está con sangre de serpiente;
>   Plumas de águila forman su corona. . .
> 2. La mazorca está en divina tierra.
>   En mástil de sonajas está apoyada.

Aquí el escoliasta azteca añade este comentario: "Con su bastón de sonaja, ella excava la tierra y siembra."

> 4. Llevo en la mano una escoba de hierba,
>   Sobre el campo divino.
>   En mástil de sonajas está apoyada.

Comentario del escoliasta: "La escoba de hierbas es la hoz con que ella barre el suelo; es su único trabajo sobre el campo divino." Las últimas estrofas, como la primera, presentan a Cihuacóatl en su aspecto de guerrera, adornada con plumas de águila. Por el contrario, las estrofas dos, tres y cuatro la describen como diosa de las labores agrícolas. Lleva su bastón de sonajero y su escoba de hierbas, y trabaja el campo divino. Los comentarios del escriba indígena aclaran por completo el sentido de esos pasajes. El carácter más curioso de este himno es, quizás, la yuxtaposición de las dos personalidades de la divinidad terrestre y guerrera, que no parecen penetrarse; entre las diversas estrofas, el contraste es brusco.

Al lado de las diosas terrestres propiamente dichas, dotadas de una gran variedad de atributos y de funciones, existían divinidades más especializadas, que correspondían más particularmente a la vegetación. Se suponía que Xochiquétzal, "Flor-Pluma Preciosa", vivía en los cielos superiores, en *Tamoanchan* (el paraíso del Oeste), *Xochitlicacan* (el "lugar de las flores"), *Itzehecayan* ("donde hay viento de navajas", es decir, un viento frío) o, como lo dice bellamente el cronista Muñoz Camargo, "donde los aires son muy fríos, delicados y helados, sobre los nueve cielos". Por muchos rasgos, se identifica a Tonacacíhuatl, la diosa de los nacimientos, la "vieja madre" de la pareja primordial; como ella, domina el signo del día *xóchitl* (flor) en el calendario adivinatorio. Se le atribuía, como a Tlazoltéotl, la invención del tejido y del bordado, y al igual que esta diosa presidía el amor y el placer. Entre los indios de lengua náhuatl del valle de Cuernavaca, con ocasión de su fiesta, se mostraba a niños de 9 a 10 años y a niñas ebrias que se entregaban en público a toda clase de actos eróticos. Entre los nahuas de Tlaxcala se le sacrificaban *auhianime*, cortesanas que servían de compañeras de placer a los guerreros célibes.

Uno de los mitos relativos a Xochiquétzal es un mito de rapto extrañamente análogo al de Proserpina en la antigüedad clásica. La idea fundamental parece ser que la vegetación desaparece "raptada" durante los meses de invierno, para no volver a la tierra hasta la primavera.

Durante la estación seca se encuentra dormida, y por esa razón se entona en honor de la diosa un *tozozcuícatl*, "canto de alborada", como el que sigue:

Himno de Xochiquétzal

1. De la región de lluvia y niebla
   Yo, Xochiquétzal,
   Yo vengo de *Tamoanchan.*
2. Cómo lloraba el sacerdote Piltzintecuhtli,
   Buscaba a Xochiquétzal.
   "Debo ir a la región de la podredumbre" [decía].

Como diosa terrestre, Xochiquétzal viene del jardín del Oeste, *Tamoanchan*. La segunda estrofa alude a su rapto. Piltzintecuhtli, el sacerdote o servidor de dios *(tlamacazecatla)*, que la llora, no es otro que Xochipilli, el compañero y doble masculino de la diosa, que la busca y dice: "Debo ir a la región de la podredumbre", a la región de la muerte, al infierno donde ha desaparecido Xochiquétzal, es decir, bajo la tierra donde duerme la vegetación durante el invierno. La analogía con el mito grecolatino de Proserpina es asombrosa.

En tanto que diosa de la primavera, Xochiquétzal preside el nacimiento de las flores, así como su compañero Xochipilli, el "Principe de las Flores", es el dios de los alimentos abundantes, del placer y del amor. Se la reconoce en los manuscritos por su doble penacho de plumas verdes, el *omequetzalli*, que orna su cabeza.

Xochiquétzal, si bien presenta rasgos que la aproximan a las viejas diosas del Oeste, también aparece como una deidad joven, la de la vegetación que renace. Esta oposición volverá a encontrarse bajo mil formas. Chicomecóatl, "Siete-Serpiente", también llamada Chicomolotzin, "Venerable (diosa de las) Siete Mazorcas", personifica a la vez al maíz y al número siete. Se la representa con la cabeza coronada por siete mazorcas de maíz. Siete es la mitad de la serie numérica fundamental, del uno al 13; esa mitad es el corazón del hombre *(yólotl)* y de la mazorca *(ólotl)*. El corazón es la parte más interior y oculta de todas las cosas, y también la más preciosa; por ello la diosa terrestre a veces es llamada Tlalliyólotl, el "Corazón de la Tierra". En el calendario adivinatorio, Chicomecóatl es la patrona de los días que llevan la cifra 7, y esos días son uniformemente favorables.

Durante los meses tercero y cuarto del año indígena, llamados *Tozoztontli*, "la pequeña velada", y *Hueytozoztli*, "la gran velada", se celebraban en honor de Chicomecóatl unos ritos destinados a despertar a la vegetación dormida. Se le ofrecían paquetes de siete mazorcas, a los que se daba el nombre de "Centéotl", dios del maíz, y se cantaba el *tozozcuícatl* que debía ayudar a despertar a la diosa.

Himno de Chicomecóatl

1. Venerada diosa de las Siete Mazorcas, levántate, despierta.
   Tú, nuestra madre, tú nos dejas hoy.
   Tú te vas ya a tu casa, el *Tlalocan.*
2. Levántate, despierta.
   Tú, nuestra madre, tú nos dejas hoy.
   Tú te vas ya a tu casa, el *Tlalocan.*

La significación del himno es clara: el maíz en grano, sembrado, va a *Tlalocan,* el paraíso del Este, lugar de la abundancia, de la fertilidad y también de la resurrección. Siempre se representa a Chicomecóatl vestida de rojo, color del Este, color del maíz joven cuyos estigmas son rojos. Por el contrario, el maíz maduro es blanco, color del Oeste, o amarillo como lo dice el *Himno de Teteoínan,* y depende de la vieja diosa terrestre.

Xilonen, diosa de la mazorca tierna *(xilotl),* es como una doble de Chicomecóatl. También ella va vestida de rojo. Durante el octavo mes del año azteca se sacrificaba en el templo del dios del maíz a una mujer vestida y adornada de tal modo que representara a Xilonen, y en la ceremonia se agitaba un sonajero, el "sonajero de niebla" que llama a la lluvia y la fertilidad.

El dios del maíz es Centéotl *(centli,* maíz), con frecuencia llamado el "Centéotl Rojo". En efecto, está pintado de rojo porque es un dios joven y encarna a la planta tierna. En realidad es idéntico a Xochipilli y a otro dios que a menudo se encuentra en los manuscritos, Macuilxóchitl, "Cinco-Flor". Esos dos dioses jóvenes, adorados particularmente por los aztecas nobles, presiden la fertilidad, el canto, las flores y los juegos. Ambos llevan en la cabeza plumas de *quetzalcoxcoxtli,* un pájaro de tierras calientes o templadas que canta temprano por la mañana durante la temporada de lluvias. Encarnan el despertar de la naturaleza en primavera, este periodo conmovedor en una región semiárida. Macuilxóchitl es reconocible por la pintura de su rostro: en efecto alrededor de la boca lleva pintada de blanco una mano, símbolo de la cifra 5 que entra en la composición de su nombre. Protege especialmente a la música y la danza: se ha descubierto en la ciudad de México una estatua de ese dios que lo representa rodeado de instrumentos musicales en miniatura.

El *Himno de Macuilxóchitl* lo muestra claramente como el hijo de la vieja diosa terrestre; el maíz renaciente es el hijo del viejo maíz desaparecido:

1. De donde son las flores[19] he venido yo,
   Yo, el sacerdote, el señor rojo de la aurora.
2. Del mismo modo [tú vives en *Tamoanchan*], tú, abuela mía,
   la de la máscara de piel.
   Yo soy el señor de la aurora,
   El sacerdote, el señor rojo de la aurora.

En el espíritu de los antiguos mexicanos se había formado un vínculo indisoluble entre esas diversas imágenes: la aurora, la primavera (principio de la estación de lluvias), el maíz tierno, el canto, el amor, el juego. En particular el juego de pelota es frecuentemente representado en los códices indígenas, con los dioses del maíz nuevo entre los jugadores. Y este "enjambre de imágenes" aparece en el *Himno de Centéotl:*

1. En el terreno del juego de pelota canta el *quetzalcoxcoxtli*
   Y Centéotl le responde.
2. Nuestro amigo canta, el *quetzalcoxcoxtli,*
   Canta en la aurora, el Centéotl rojo. . .
6. Yo he llegado al cruce de los caminos,
   Yo, Centéotl. ¿Dónde debo ir ahora?
   ¿Qué camino debo seguir?
7. ¡Oh, servidores del dios de *Tlalocan!*
   ¡Oh, dioses de la lluvia!. . .
   [¿Qué camino debo seguir?]

El escoliasta azteca comenta así la segunda estrofa: "Ha llegado el día, es de mañana, se canta. Centéotl, el *quetzalcoxcoxtli,* canta." Así pues, no vacila en identificar al dios con el pájaro cantor del tiempo de la lluvia. Ese canto es a la vez expresión del alivio y

---

[19] Es decir, de *Tamoanchan.*

de la alegría cuando la naturaleza renace, y de la encantación que esto produce. El maíz, salido del jardín de la vejez, se dirige al lugar de la juventud y de la resurrección e implora los consejos de los dioses de la lluvia. Su odisea subterránea, del país de la muerte al de la resurrección, es, en suma, análoga a la de Quetzalcóatl; en los manuscritos lleva sobre el pecho, como él, la "joya de viento" que caracteriza a aquel dios. Es interesante observar que, entre los huicholes, el dios Tonoami, el "Cantor", es la estrella de la mañana, el planeta Venus.

La mitología azteca, tan frecuentemente dominada por el sacrificio, la sangre y la muerte, presenta pocas imágenes tan graciosas y tan frescas como las de esos dioses del maíz, del amor, de la aurora, del canto, de todo lo que hay de eternamente joven y renaciente en la naturaleza y en el hombre. También es difícil no admirar la manera como los antiguos mexicanos simbolizaban la marcha de las estaciones y de la vegetación, ese viaje indefinidamente recomenzado del Oeste al Este, y que termina con un canto de ave en la aurora de la primavera.

En la época de la conquista española, el panteón mexicano albergaba a una divinidad de aspectos múltiples, probablemente originaria de una región periférica, y a la que parece lógico vincular con los dioses de la vegetación. Se trata de Xipe Tótec, "Nuestro Señor el Desollado", es decir, el dios de las desolladuras, cuyo culto se caracterizaba por el despellejamiento de las víctimas. Se le llamaba también Yoalli Tlahuana, el "Bebedor Nocturno", el que bebe pulque, licor obtenido del maguey, durante la noche. Bebe por la noche y se despierta por la mañana, como la naturaleza; cambia de piel, se reviste con la de su víctima, como la tierra se cubre de una nueva vegetación en la primavera.

En el manuscrito de Sahagún, la imagen de Xipe Tótec va acompañada de las palabras *anáhuatl itec,* "el señor de la costa". En realidad, parece que el culto a ese dios fue adoptado por los pueblos del centro, sin duda mucho antes de la época azteca, gracias al influjo de las poblaciones de la Tierra Caliente. Su templo, en Tenochtitlán, se llamaba *Yopico,* el lugar yopi: los yopis eran una tribu semibárbara del Sudoeste, cuyo territorio se extendía entre Oaxaca y la costa del Pacífico.

Por otra parte, Xipe Tótec presenta algunos rasgos que lo acercan a las divinidades de los pueblos antiguos del Este: lleva sobre la cabeza un ornamento llamado "el adorno de plumas de la gente de la costa", que algunas tradiciones atribuyen a Quetzalcóatl. El hecho de que el arqueólogo sueco Linné haya descubierto recientemente en Teotihuacán una estatuilla de Xipe Tótec que data del último periodo de ocupación de esta ciudad, nos mueve a pensar que su culto pudo estar relacionado con la influencia de las tribus civilizadas de las tierras calientes orientales. Ello no tiene nada de contradictorio con lo que hemos dicho antes. De Oaxaca a los yopis de la vertiente del Pacífico y a las tribus de la vertiente del Atlántico, había mil posibilidades de traspaso y de préstamo, como lo prueba la arqueología. Por ejemplo, basta recordar que se encuentra el mismo sistema jeroglífico en ciertos sitios de la costa del Golfo y en Oaxaca y Xochicalco, sobre la vertiente occidental del altiplano.

Las víctimas consagradas a Xipe Tótec eran sacrificadas de diversas maneras: ora se les proveía de armas de mentirijillas, de madera y de plumas, para hacerles combatir contra guerreros sólidamente equipados, ora se les ataba a una especie de cuadro de madera y se les atravesaba con flechas. Su sangre corría sobre la tierra como la lluvia, para fecundarla. De todas maneras, las víctimas, una vez muertas, invariablemente eran desolladas, y los sacerdotes se revestían con su piel, pintada de amarillo.

Xipe Tótec era un dios del sol levante y también el patrón de los orfebres porque, se decía, la piel pintada de amarillo de la víctima recordaba la hoja de oro con que esos artesanos recubrían los objetos que fabricaban. Mas era, ante todo, un dios de la vegetación. Se le representaba llevando en la mano un *chicahuaztli,* un sonajero que llama a la lluvia. Los ritos de desollamiento no se limitaban al culto de este dios: también se desollaban víctimas para las diosas terrestres, en particular para Tlazoltéotl. En Tlaxcala, el desollamiento de las víctimas ofrendadas a Xipe Tótec era llamado *exquinan,* sin duda *ixcuinan,* uno de los nombres de la diosa terrestre. El *Himno de Xipe Tótec*, uno de los textos más antiguos en lengua náhuatl que han llegado hasta nosotros, caracteriza a ese dios como el del maíz, y sobre todo del maíz tierno. Dios del maíz tierno y del Este (del sol levante), también tiene rasgos en común con Centéotl. He aquí algunos pasajes de ese himno:

> 1. ¡Oh, bebedor nocturno! ¿Por qué te haces rogar?
>   Ponte tu vestimenta ceremonial,
>   Tu vestimenta de oro, ¡póntela!

Y el escoliasta azteca comenta así esta estrofa: "¿por qué te haces rogar? Es decir, ¿por qué no llueve? Ponte tu vestimenta de oro, es decir: ¡que venga la lluvia!" Se ruega al dios que se ponga la piel amarilla de su víctima, lo que, mágicamente, hará caer la lluvia.

> 2. Mi dios, tu agua de piedras preciosas ha descendido.
>   ¡Ah! El ciprés se ha cubierto de plumas verdes.
>   ¡Ah! La serpiente de fuego se ha convertido en
>   serpiente de plumas.
>   Me he librado de la serpiente de fuego.

Como lo hemos dicho al principio de esta obra, la serpiente de fuego, *xiuhcóatl*, símbolo de sequía y de hambre, se ha transformado en un *quetzalcóatl*, serpiente cubierta de plumas verdes, símbolo de la abundancia vegetal. Aquí el dios toma la palabra:

> 3. Quizás voy a irme, a irme, a morir,
>   Yo, la tierna planta de maíz.
>   Mi corazón es como una piedra verde.

Esta piedra verde, preciosa, es el corazón del maíz, aún tierno, amenazado por la intemperie. Sin embargo, el campesino responde con confianza.

> —Pero yo allí veré aún el oro,
>   Me regocijaré
>   Si el maíz madura, y diré:
>   "El señor de la guerra ha nacido, ¡*Uiya!*"

El campesino espera volver a ver los granos de oro del maíz maduro. Celebrará el nacimiento del señor de la guerra, uno de los nombres de Centéotl, el maíz.

4. Mi dios, haz que en parte al menos se dé
en abundancia esta tierna planta de maíz.
Tu adorador vuelve la mirada a la montaña hacia ti.
Me regocijaré
Si el maíz madura, y diré:
"El señor de la guerra ha nacido, ¡*Uiya!*"

Esta última estrofa, que repite en parte la anterior, nos da una precisión suplementaria: el adorador de Xipe Tótec vuelve la mirada a la montaña del dios. Ahora bien, como se verá adelante, es sobre las montañas donde se forma la lluvia y donde moran sus dioses.

Así, Xipe Tótec aparece como un dios de la vegetación renovada, de la planta tierna del maíz, de la lluvia fecundante. Está emparentado a la vez con las diosas terrestres, con los dioses del maíz nuevo y con los de la lluvia. Y, en tanto que "Bebedor Nocturno", se acerca también a los Centzon Totochtin, las 400 pequeñas deidades de la embriaguez y de las cosechas abundantes, y a la hermana de éstos, Mayahuel, la diosa cacto, cuyo cuerpo brotó prodigiosamente de un maguey.

EL AGUA Y LA LLUVIA

Para los pueblos nómadas y cazadores del Norte, la lluvia no tenía gran importancia. Para los agricultores del centro, en cambio, todo dependía de la regularidad y de la abundancia de las lluvias; aún hoy, el comienzo de la estación de lluvias es aguardado con ansiedad por millares y millares de campesinos mexicanos. Por ello no es de sorprender que los dioses de la lluvia hayan desempeñado un papel de primerísima importancia en la religión de los pueblos civilizados del altiplano.

En la época azteca, se llamaba a Tláloc, "el que hace germinar", o Tlalocantecuhtli, el "Señor de Tlalocan", el principal dios de la lluvia. Se le representaba pintado de negro, color de los sacerdotes y de los magos, decorada la cabeza por una especie de doble abanico de papel de corteza, y cubierto el rostro con una máscara. Esta máscara, muy característica, rodea los ojos del dios con dos grandes anillos en relieve; los labios, en forma de volutas, dejan escapar los largos colmillos curvos. Las más de las veces, la máscara está estilizada con la forma que acabamos de describir. En ciertos casos, su factura más realista revela la verdadera naturaleza de su simbolismo: los anillos alrededor de los ojos y las volutas de los labios están formados por el cuerpo de dos serpientes, cuyas fauces yuxtapuestas muestran sus largos colmillos.[20] Las serpientes representan a la vez al relámpago y al agua. Es la lluvia en esas regiones tropicales, tan a menudo tormentosa y torrencial, acompañada de relámpagos, la que evoca esa máscara.

Según los mexicanos, Tláloc se reflejaba, se dividía, por así decirlo, en una multitud de pequeños dioses que moraban, todos, en las cumbres de las montañas, los Tlaloque. Menudos y contrahechos, esos dioses se asemejan singularmente a los "enanos del viento", los Ehecatotontin, que acompañaban a Quetzalcóatl y que se han quedado en las montañas. Según todas las apariencias, el culto a la lluvia siempre se ha confundido con el que se profesa a las montañas. Es en las cumbres de las sierras que dominan el altiplano donde, en la temporada de lluvias, se acumulan las nubes de donde proceden las precipitaciones. Era natural atribuir a las propias cumbres, o a los seres que, supuestamente, vivían allí, la formación de esas nubes. Así se explica que el decimotercer mes del año azteca, consagrado a los Tlaloque, se llamara *Tepeíhuitl*, "la fiesta de las montañas".

Desde los primeros siglos de nuestra era, los habitantes del altiplano fabricaban ídolos de terracota o esculturas de piedra que epresentaban a Tláloc con todos sus rasgos convencionales ya fijos y estilizados, lo que hace remontarse a una gran antigüedad los comienzos de su culto en esas regiones. Una estatua célebre de Tláloc se había erigido en la sierra que aún hoy lleva ese nombre,

---

[20] El Tláloc de piedra del Museo de Etnografía de Berlín constituye un ejemplo muy claro de máscara de serpientes no estilizadas.

y que no es más que la prolongación de la enorme cordillera que separa el valle de México del de Huejotzingo. Esta estatua, cuyo origen no supieron precisar ni los propios indígenas en el siglo XVI, sólo fue derribada después de la Conquista. Por lo demás, aún en nuestros días, no hay ninguna cumbre considerable del México central en que no pueda verse algún santuario cristiano-pagano donde los indios, nahuas u otomíes, mantienen piadosamente incensarios y ofrendas al dios de la lluvia.

El dominio de Tláloc, el lugar llamado *Tlalocan*, primero estuvo situado en los flancos de las montañas de que ya hemos hablado, al este de la ciudad de México. El verdor de los pinos que subía al asalto de las pendientes abruptas, bajo la blancura deslumbrante de las nieves eternas, parecía a los agricultores de los tiempos arcaicos el símbolo mismo de la frescura y de la fertilidad. En la época azteca, términos como *xiuhcalco*, "la casa de los pinos", aún eran sinónimos de *Tlalocan*. Pero, en el curso de los siglos, la visión del mundo se había dilatado, el horizonte hubo retrocedido, y el *Tlalocan* había sido arrojado cada vez más lejos, hacia el Este. Para los aztecas de los siglos XV y XVI, el paraíso de la fertilidad, la región de la lluvia, se identificaba con las tierras calientes del Este, jardín eterno bajo las pesadas tormentas tropicales. Y hasta se tendía a alejar más aún, fuera de los límites del mundo conocido, ese *Quetzalcallan*, "la casa de plumas verdes", donde se suponía que moraba Tláloc. Al principio agricultores replegados sobre sí mismos, más tarde los pueblos del altiplano se convirtieron en conquistadores de un vasto imperio. Las montañas, antes una barrera en los límites del mundo, ya no eran más que una porción de los territorios sometidos. Como consecuencia de esta expansión, la misteriosa residencia del dios de la lluvia fue retrocediendo cada vez más hacia el Este.

La potencia terrible de Tláloc, amo de la germinación, le da las características de un mago, de un hechicero. Se dice que vierte agua, a su voluntad, de cuatro jarras inagotables, que contienen otras tantas especies diferentes de lluvia, bienhechoras las unas, nefastas las otras. Provisto de su "sonajero de niebla", *ayochi-cahuaztli*, llama a las pesadas nubes de la estación de lluvias, que se apilan alrededor de las cumbres. Tan grande era el temor que inspiraba —puesto que podía condenar a todo un pueblo al hambre, negándole la lluvia—, que se tenía el sentimiento de deberle siempre algo, de no hacer nunca bastante por él. El *Himno de Tláloc* es una especie de autoacusación con que sus adoradores se abruman a sí mismos.

> 1. ¡Oh, México se ha consagrado al servicio del dios!
> Las banderas de papel se han colocado en los cuatro puntos cardinales.
> Ya no es la hora de la tristeza.
> ¡Oh, mi jefe, príncipe-hechicero!
> ¡A ti te corresponden los alimentos!
> Eres tú el que los produce haciéndolo germinar todo,
> ¡Y, sin embargo, no hacemos más que ultrajarte!

Y el propio Tláloc se queja de sus "viejos sacerdotes":

> 4. ¡Me ofenden!
> ¡No me satisfacen!

Para contentar a ese dios celoso, se le ofrecían niños como víctimas, sin duda por alusión a los pequeños Tlaloque, acaso para que después de su muerte se convirtieran ellos mismos en Tlaloque. Al conducirlos al suplicio, se esforzaban por hacerlos llorar, pues sus lágrimas prefiguraban la lluvia. Se les conducía en barca, por la laguna, hasta precipitarlos en un torbellino que los devoraba. Se suponía que se habían ido entonces a *Tlalocan*.

La gran pirámide de Tenochtitlán sostenía dos santuarios: el de Huitzilopochtli, el dios nacional, y el de Tláloc. Asimismo, en la cumbre de la jerarquía sacerdotal se encontraban dos sumos sacerdotes, el de Huitzilopochtli y el de Tláloc. El más reciente de los dioses, la divinidad tribal de los aztecas, llevada por ellos desde sus migraciones por las estepas del Norte, coexistía con el dios más antiguo de los sedentarios en la cúspide del mundo divino.

La compañera de Tláloc era la diosa del agua, Chalchiuhtlicue, "La que Lleva una Falda de Piedras Preciosas". Entre los nahuas de Tlaxcala se le llamaba Matlalcueye, "La que Tiene una Falda Verde",[21] y se la identificaba con la alta montaña hoy llamada Malintzin o La Malinche, en el estado de Tlaxcala. Es, por tanto, como Tláloc, una divinidad de las montañas. Se la representaba vestida de verde y de azul, y adornada con conchas marinas, pero llevaba sandalias blancas, como las diosas de la tierra. En los manuscritos y las tradiciones, a menudo se la asocia a Chicomecóatl, la diosa del maíz, y a Huixtocíhuatl, la "Señora de la Sal", diosa del agua salada, del mar. Sus vestidos estaban adornados con piedras verdes, símbolo del agua; y por una de esas asociaciones habituales en el pensamiento religioso, la piedra verde también recuerda la sangre de las víctimas sacrificadas: *chalchíhuatl,* "el agua de piedra verde", "el agua preciosa".

Es probable que los pueblos del centro, aislados en sus bastiones montañosos, tardaran mucho en descubrir el mar: ni aun los de la costa del Golfo fueron nunca navegantes. Para todos los antiguos mexicanos, el agua por excelencia era el agua dulce, el agua de las lluvias, de las fuentes y de los ríos, que fecunda las tierras cultivables. El mar siguió siendo el "agua divina", límite de lo conocido, misteriosa pantalla tras la cual, lejos, al Este, se situaban los dominios de Tláloc y de Quetzalcóatl.

LA MORADA DE LOS MUERTOS

El mundo, tal como se lo representaban los aztecas, no deja mucho lugar al hombre. El hombre no encuentra para sí un lugar en el universo; ha nacido para el mundo, para desempeñar allí fielmente su papel de ejecutor y de sacrificado. Su vida le llega del cielo, de la pareja primordial, y sólo le es dada para que él, a su vez, después de las generaciones que lo han precedido, pueda pagar las deudas de sangre. Nace con estas deudas para con "nuestra madre y nuestro padre, la tierra y el sol", *intonan intota tlaltecuhtli tonatiuh,* según la fórmula con la cual se recibe al re-

---

21 O azul, pues la misma palabra designa a ambos colores, tanto en azteca como en la mayor parte de los lenguajes mexicanos.

cién nacido; con todo el resto del pueblo, también él lleva el peso de la deuda de sangre hacia Tláloc, el dispensador de las lluvias. Encargado de esos terribles deberes, aparece en un mundo inestable y amenazado, donde su actividad personal, sus deseos, su voluntad, cuentan poco ante la influencia soberana que sobre su destino ejerce el mecanismo del *tonalpohualli*. Cierto, si ha nacido en una fecha desfavorable, mediante penitencias constantes puede tratar de modificar el curso de su destino; pero le es muy difícil salirse del camino trazado para él desde el principio de su existencia terrestre.

Después de la muerte, los hombres quedan sometidos a destinos diferentes, según lo que hayan hecho durante su vida y, sobre todo, según la manera en que hayan muerto. El otro mundo no es común a todos; tampoco hay moradas distintas para los "buenos" y los "malos". Ninguna noción moral interviene aquí. La vida que se da a cada quien después de la muerte depende, ante todo, de la elección de los dioses, que han destinado a cada hombre un género específico de muerte; la suerte más envidiable está reservada a quienes han perecido cumpliendo con los deberes que se les habían encargado al nacer.

Creíase que los niños que nacían muertos se dirigían al cielo decimotercero, de donde procedían; según ciertas tradiciones, existe en ese cielo un "árbol de leche" que les da un alimento eterno durante su infancia eterna.

Los guerreros que han muerto en el campo de batalla o sobre la piedra de los sacrificios se vuelven "acompañantes del águila", o sea del sol. Forman un cortejo alrededor del dios resplandeciente, del Este al cenit, a lo largo del prolongado camino que él sigue en el cielo, en medio de hermosos árboles. A través de su rodela, llena de agujeros por las flechas de sus enemigos, pueden contemplar la faz luminosa del astro. Su vida gloriosa está hecha de cantos guerreros y de combates. Al cabo de cuatro años, son transformados en colibríes, y vuelven a la tierra para vivir allí entre las flores de las regiones cálidas.

El destino de las mujeres muertas de parto es análogo al de los guerreros. Sabido es que son ellas las que se convierten en las

Cihuateteo del Occidente. También ellas forman un cortejo del sol, durante la segunda mitad de su curso diurno, y también ellas se deleitan con los cantos bélicos y los simulacros de combate. Bajo otro aspecto, sombrías divinidades que rondan a la hora del crepúsculo, siembran sobre la tierra, en ciertos días nefastos, las enfermedades y el terror.

Tanto en un caso como en el otro, un destino excepcional se reserva a los humanos, hombres y mujeres, que han cumplido totalmente con sus servicios hacia los dioses, que han muerto por el sol y la tierra (no, por cierto, porque así lo hayan querido, sino porque desde su nacimiento todo estaba orientado a ello). El mandato soberano de los dioses del cielo decimotercero, que hace nacer a un hombre en una fecha determinada y no en otra, decide en potencia toda su vida y su muerte, pues esta fecha es la que fija los grandes lineamientos de cada existencia. Los guerreros y las mujeres divinizadas del cielo son elegidos, predestinados, y se podría decir de ellos, modificando ligeramente la frase de Calvino, que no han sido elegidos porque han sacrificado su vida a los dioses, sino que han sido elegidos para sacrificarla.

Por lo demás, su destino glorioso no hace más que reproducir el de los propios dioses. ¿No es la muerte de los dioses y su resurrección las que han dado nacimiento a nuestro sol, a la luna, a la estrella de la mañana? Pero mientras que los dioses han consentido ellos mismos en el sacrificio, en tanto que Nanahuatzin se ha arrojado al brasero de Teotihuacán y Quetzalcóatl ha subido a la hoguera al borde del "mar divino", los hombres, en cambio, son elegidos de antemano para repetir en el mundo, a la pequeña escala de las cosas terrestres, el gran drama cósmico de los tiempos antiguos.

También hay elegidos de otra especie: los de Tláloc. Se encuentra aquí, sin lugar a duda, el dualismo de los dioses celestiales importados por los bárbaros del Norte y de los dioses agrícolas de la población sedentaria. Los hombres y las mujeres escogidos por los primeros van al cielo, cerca del sol; los que Tláloc distingue y se reserva para el otro mundo van a morar en el paraíso terrenal de *Tlalocan,* el jardín de la abundancia donde reina el dios de las lluvias. Su muerte es el signo de la elección de que, involuntariamente, fueron objeto. Mueren por la mano de Tláloc, ya ahogados, ya fulminados por el rayo durante una tormenta (el rayo que simbolizan las serpientes de la máscara de Tláloc), ya en fin víctimas de enfermedades consideradas de origen acuático, como las fiebres o las afecciones de la piel. En tanto que la práctica común era quemar a la mayoría de los muertos, aquellos que Tláloc había marcado, matándolos, eran enterrados. Suponíase que se dirigían al Este, a los jardines del dios, para llevar allí eternamente una vida venturosa en medio de una vegetación exuberante. Tal es el sueño de los agricultores, en oposición al de los guerreros. El ideal de los campesinos es la abundancia perpetua, sin fatiga, sin inquietudes, el reposo en el país de las lluvias, pues en esta estación se suspenden los trabajos de los campos. El ideal de los nómadas belicosos es la alegría del combate en el esplendor del sol, y después la vida errante y libre de las aves.

Aún queda la masa indistinta de aquellos a quienes los dioses no han elegido. Ellos van a llevar una existencia cada vez más tenue, finalmente abolida, en el gran abismo común de Mictlan. Tal es la sombría morada del Norte, en la región de la noche, "el lugar sin puertas ni ventanas", hundido bajo las estepas: *teotlalli iitic,* "bajo la tierra divina". Tal vez los aztecas situaran esa morada al norte del valle de México porque aún conservaban el recuerdo de que ellos mismos habían llegado de aquellas regiones; en efecto, no es raro que se identifique con el propio lugar de origen, aquel al que todos retornan. De todos modos, era natural colocar el infierno en el Norte, la región de color negro y de la oscuridad por excelencia.

Es posible que la noción de la inmortalidad reservada al pequeño número de los elegidos haya aparecido sólo tardíamente entre los antiguos mexicanos, a medida que se desarrollaba y complicaba la mitología. En Mictlan, en todo caso, la otra vida sólo es de corta duración, y termina en disolución, en desaparición total del ser.

El muerto, a menos que perteneciera a la clase dirigente, era quemado, según reglas complejas escrupulosamente observadas.

En cuclillas, con brazos y piernas pegados al cuerpo, era revestido de telas preciosas, el rostro cubierto de una máscara, y la cabeza adornada con plumas. Se hacía de él una especie de momia, que se decoraba con adornos de papel de corteza de árbol. Se le daba una piedra preciosa, *chalchíhuitl,* que debía servirle de corazón durante la otra vida,[22] y se inmolaba a su lado a un perro, destinado a acompañarlo en el gran viaje. El perro era Xólotl, el dios que había sabido penetrar en el infierno al comienzo de los tiempos y robar de allí las osamentas de donde los dioses habían sacado la nueva raza de hombres. Desempeña un papel comparable al del Hermes Psicopompo de la antigüedad clásica; guía las almas hasta su última morada. *Itzcuintli,* "el perro", es el signo de uno de los 20 días del calendario adivinatorio, día cuyo patrón no es otro que el dios del infierno.

El muerto parte entonces a un largo viaje, que las tradiciones describen diversamente. Tiene que someterse a penosas pruebas (a veces en número de nueve). Debe pasar entre montañas que sólo dejan entre ellas un pasaje estrecho, y que chocan continuamente como las rocas Simplégades de la leyenda helénica. Debe seguir un camino guardado por serpientes o por bestias salvajes "que devoran los corazones" (es decir, las piedras preciosas dadas a los muertos), atravesar las "ocho estepas", orientarse entre áridas extensiones de rocas, luchar contra un viento glacial y cortante, "el viento de obsidiana", y cruzar un sitio designado con el nombre enigmático de "lugar en que flotan las banderas". Finalmente llegaba al borde de los "nueve ríos", *chiconahuapan,* que debía atravesar con la ayuda de su perro. El número nueve es el número de las cosas terrestres y nocturnas, y por lo tanto se aplica precisamente a los ríos que constituyen la última barrera de los infiernos.

Durante ese tiempo, la familia del muerto celebraba, a ciertos intervalos, unas ceremonias que supuestamente lo ayudarían en su viaje infernal; esas ceremonias tenían lugar 80 días, uno, dos, tres y cuatro años después del fallecimiento. Cuando la serie se

[22] La mayor parte de los ídolos mexicanos tenían un *chalchíhuitl* en el pecho, en el lugar del corazón.

completaba, nada sostenía ya al muerto en la existencia. Había llegado a *chiconamictlan*, "el noveno infierno", y allí era donde dejaba de existir, definitivamente disuelto y abolido. Se había hundido en la nada.

El dios del infierno del Norte es Mictlantecuhtli, "Señor de Mictlan", ayudado por su mujer Mictecacíhuatl. También se le llama Tzontémoc, "El que Cae de Cabeza", como el sol en el crepúsculo. El *Códice Borgia* lo representa llevando sobre la espalda un sol negro. Es el sol de los muertos, el sol de la noche, el que lleva una vida misteriosa bajo la tierra entre el crepúsculo y la aurora. Ya hemos encontrado varias veces ese tema de la estadía de los dioses celestiales en el infierno, y bastará con decir que Tlahuizcalpantecuhtli, el resucitado que se convirtió en la estrella de la mañana, a veces lleva la máscara del dios de Mictlan.

Se representa generalmente a Mictlantecuhtli con una máscara en forma de cabeza de muerto, con la mandíbula descarnada. Sus ropajes están decorados con cráneos y huesos entrecruzados; otros huesos le sirven de adorno para las orejas. Un cuchillo de pedernal, emblema de los sacrificios humanos, con frecuencia está hundido en la nariz abierta de su máscara. Lleva también un adorno particular, de forma cónica, rodeado de un cuello de papel de corteza. Lo acompañan sus animales simbólicos: la lechuza y la araña. Ya hemos dicho que Mictlantecuhtli es el patrón del día "perro" en el calendario adivinatorio; domina igualmente el día *miquiztli*, "muerte", cuyo signo es un cráneo descarnado. Ese dios figura también entre los nueve "Señores de la Noche", de que hablaremos más adelante: es el quinto de esta serie nocturna. Por tanto, está en medio, como Chicomecóatl, diosa del número siete, que ocupa la mitad de la serie diurna, del uno al 13. Nueve se opone a trece, como la tierra, el infierno y la noche al cielo y a la luz.

Muchas veces, al exponer todas esas representaciones colectivas, hemos tenido que referirnos a los cuatro puntos cardinales: al Este, región del renacimiento de los astros y del maíz, ámbito de *Tlalocan;* al Norte, la región nocturna de los infiernos; al Oeste, el país de *Tamoanchan* y de las Cihuateteo; al Sur, la región del sol triunfante. Y es que todo el pensamiento cosmológico de los antiguos mexicanos está dominado por la imagen de las cuatro direcciones, a las que se añade a veces una quinta, el centro. Es imposible comprender de verdad este pensamiento sin profundizar en esta cuestión, sin tratar de representarse lo que significaban los puntos cardinales para los habitantes del antiguo México.

LOS PUNTOS CARDINALES

El pensamiento cosmológico mexicano tomaba en cuenta, en altísimo grado, las direcciones del espacio. Lo mismo puede decirse de otros pueblos indígenas de América: indios pueblo, sioux, mayas, etc. En China, toda la concepción clásica del mundo reposaba sobre la teoría de los espacios, de los "orientes" heterogéneos con propiedades singulares. Lo que dificulta particularmente el estudio de esas representaciones es que no pueden ser asimiladas a construcciones racionales, como las de nuestras ciencias. Cierto, están orientadas, estas últimas, hacia la práctica, hacia la acción, pero por intermedio de la adivinación y de las correspondencias simbólicas, sin conocimiento discursivo. Son sentidas, cargadas de un valor afectivo tradicional, constituyen un sistema de imágenes de simpatías que sólo desembocan en una previsión y en una práctica igualmente ilusorias.

Ese sistema, por lo demás, es bastante incoherente. Surgido de las creencias antiguas de tribus diversas, aún no había sufrido una racionalización comparable a la de la cosmología china. Los sacerdotes de cada ciudad tendían a organizar de una manera particular las creencias difusas que había en ellos y en torno a ellos. Mientras que las crónicas españolas nos describen, las más de las veces, las teorías admitidas en la ciudad de México-Tenochtitlán, los manuscritos indígenas más importantes, como el *Códice Borgia*, el *Fejérváry-Mayer*, el *Cospi*, etc., parecen provenir de la región de Teotitlán, en los límites del altiplano central y Oaxaca, y reflejan las ideas propias de los sacerdotes, célebres por su santidad, que habitaban esa ciudad. Pero en el interior mismo de cada grupo de documentos no se encuentra lo que pudiera llamarse una doctrina homogénea. Contra lo que afirman ciertos autores, esta civilización mexicana, pese a tomar su savia de raíces viejísimas, no por ello dejaba de ser joven, de constituir una sociedad en pleno desarrollo, cuando la invasión europea puso fin brutalmente a su historia. Había permanecido cerca de sus diversos orígenes, de los barrios y de las aldeas antiguas, de las tribus inmigrantes; los particularismos locales y tribales, aún no borrados por una ideología dominante, se reflejaban en lo abigarrado de las ideas admitidas.

Así pues, no es raro encontrar asociaciones contradictorias, al menos en apariencia. Tláloc está en relación con el Este como dios de la lluvia, y con el Sur como dios de la lluvia de fuego. Quetzalcóatl es dios del Este y del Oeste. Mictlantecuhtli, dios del infierno del Norte, aparece también como dios del Sur. El fuego es asociado tanto al Sur como al centro.

Lo que debe verse, en todo caso, es que el estudio de la representación de los puntos cardinales se confunde con el del concepto de espacio en general. Este concepto de espacio, construido, entre los antiguos mexicanos, sobre las bases que aportaban las imágenes tradicionales de los cuatro o de las cinco direcciones, nunca salió de los marcos que le imponía su origen. Es posible, ahora, delinear los caracteres generales de esta representación del espacio:

1. No hay en realidad un espacio, o "el espacio", sino "espacios" distintos, heterogéneos, dotados de propiedades singulares. Todo lo que pertenece a uno de esos espacios está situado, por ello mismo, como en un campo de fuerzas, y se penetra, como por ósmosis, de las cualidades que caracterizan a dicho espacio. En lugar de un medio neutro, homogéneo, especie de telón de fondo uniforme, hay campos, medios cualitativamente determinados y que son asimismo determinantes. El Este, por ejemplo, es la región roja de la juventud y de la aurora; es, por tanto, la región de los dioses jóvenes, que son rojos, del maíz tierno, del amor, etc. El Oeste es el lado de la blancura, y por tanto Quetzalcóatl, en tanto que dios occidental, tiene blanca la piel.

2. Aunque fundamentalmente distintos, esos espacios, esos cuarteles del universo muy a menudo presentan rasgos comunes. Hay, de unos a otros, reflejos y ecos. Del Este al Oeste, del Oeste al Norte, etc., se dibuja una especie de entrecruzamiento de correspondencias. Cada uno de los orientes es un enjambre de imágenes, y cada una de esas imágenes es un emblema. Ahora bien, esos emblemas rara vez son unívocos. En no pocos casos, disimulan virtualidades muy variadas, asociaciones muy diversas. De allí la complejidad de esas relaciones entre los espacios, relaciones que se examinarán con detalle más adelante.

3. En fin, así como no hay un espacio sino varios espacios, no hay un tiempo, sino varios tiempos. Además, cada espacio está ligado a un tiempo o a varios. Así, la mentalidad mexicana no conoce el espacio y el tiempo abstractos, sino como sitios y acontecimientos. Las propiedades de cada espacio son también las del tiempo que está unido a él, y viceversa. Todo fenómeno del mundo o de la vida humana ocurre en un sitio y en un momento determinados; su tonalidad, su valor emocional, las previsiones que de él pueden sacarse para el porvenir, dependen de ese singular complejo de espacio y de tiempo en que ha aparecido. Y es que todas esas representaciones han sido determinadas por la práctica adivinatoria que se hace mediante el *tonalpohualli*, el calendario sacerdotal. A cada uno de los cuatro puntos cardinales está ligado un grupo de cinco signos de días, un grupo de cinco "semanas" de 13 días y un grupo de años. El mapa del mundo que ilustra la primera página del *Códice Fejérváry-Mayer* muestra los cuatro puntos cardinales acompañados, cada uno, de cinco jeroglifos de días y de un jeroglifo de año. Hay días del Este, "semanas" del Este, años del Este, días del Norte, etc. Los tiempos participan de las cualidades de los espacios, y viceversa. Otros documentos nos permiten pensar que los cinco años venusinos que equivalen a ocho años solares estaban repartidos entre las cinco direcciones: los cuatro puntos cardinales y el centro.

Conviene ahora estudiar por separado cada uno de los orientes y analizar hasta donde sea posible los bloques de imágenes que los constituyen para considerar sus elementos principales. En los documentos indígenas o en las crónicas inspiradas en ellos, los espacios siempre son descritos en el orden siguiente: Este, Norte, Oeste, Sur. Gráficamente, el Este está arriba, el Norte a la izquierda, el Oeste abajo y el Sur a la derecha,[23] y se pasa de uno a otro en sentido retrógrado. El punto de partida de los espacios es el Este; el punto de partida de los tiempos el 1-*ácatl*, el primer año del Este, nombre cíclico de Quetzalcóatl, fundador del calendario. Al Este se le designa con el nombre de *Tlapcopa* o *Tlahuilcopa*, "el lado de la luz". Es allí donde se eleva el sol porque el dios Nanahuatzin, después de su sacrificio, apareció de ese lado con la forma de este astro; es también allí donde Quetzalcóatl resucitado comenzó su curso en el cielo con el aspecto del planeta Venus.

La primera imagen que evoca el nombre del Este es, pues, la siguiente: la región del nacimiento del sol y de Venus, la región de la resurrección. Es *Tlapallan*, "la región roja" de la aurora, también llamada *Tlillan Tlapallan*, "la región roja y negra" de la muerte y de la resurrección. Los dioses, los astros, la vegetación, el maíz, encuentran allí su juventud. Es, por excelencia, la región de la juventud, del maíz tierno, de los dioses jóvenes de la vegetación, siempre pintados y vestidos de rojo; la región del canto, de las fiestas, de la aurora. Para los antiguos mexicanos, todas esas imágenes se identificaban con una realidad geográfica: la costa del Golfo, la Tierra Caliente del Este, "al borde de la mar divina, del agua celestial", según la expresión de los *Anales de Cuauhtitlán*.

Pero el Este también es el centro de otra serie de representaciones tradicionales. Se sitúa allí, asimismo, al *Tlalocan*, el paraíso terrenal o jardín eternamente exuberante del dios de las lluvias. Es la región verde, cuyo signo es *ácatl*, la caña verde, como lo ha señalado el cronista Durán. Se le llama también *quetzalcalli*, "la casa de plumas verdes", que primero fue identificada con las montañas de lluvia que dominan al oriente del valle de México, y después con la vertiente del Este del altiplano hasta la costa del Golfo. El *quetzalcóatl*, "serpiente de plumas verdes", cuyo nombre lleva el gran dios del Este, es el símbolo de la vegetación tierna, como se ha visto a propósito del *Himno de Xipe Tótec.* Así, la imagen "solar" y la imagen "acuático-vegetal" de esta dirección del espacio han llegado a coincidir, recubriendo esta región del Golfo que es, al mismo tiempo, la comarca del sol rojo al surgir y la del agua verde y azul que personifica la diosa vestida de piedras preciosas, Chalchiuhtlicue.

Los mexicanos del centro consideraban a esta región oriental como el país de los *olmeca-huixtotin,* "la gente del hule y del agua salada", y de los *cuexteca* o huastecos. La primera expresión designaba más bien un conjunto de tribus que una sola tribu: se aplicaba a poblaciones de orígenes y lenguas diversos que muy antiguamente habían alcanzado un alto nivel de civilización. La gente del centro sin duda les había copiado la agricultura del maíz, el tejido, conocimientos astronómicos y cultos importantes como el de la diosa terrestre Tlazoltéotl. En cuanto a los huastecos, herederos de no pocos rasgos de esta civilización "olmeca", se les miraba con una mezcla de desprecio y de respeto, y se les atribuía un arte muy particular de la hechicería. Esas nociones tradicionales estaban lejos de ser falsas, y la arqueología moderna las confirma en muchos puntos, sobre todo en lo relativo a la importancia, el refinamiento y la antigüedad de la civilización "olmeca". Han ayudado a reforzar la imagen del Este como región de la abundancia, de la riqueza, de las bellas vestiduras tejidas, de las plumas, de la embriaguez (uno de los principales dioses de la embriaguez supuestamente era huasteco, y también de las misteriosas potencias mágicas: Tláloc, el dios de la lluvia, es llamado *nahualpilli,* el "príncipe-hechicero", y se le representa vestido a la manera de los huastecos.

El Norte era designado con la palabra *Mictlampa,* "el lado de Mictlan"; se le llamaba también "(el lado que está) a la derecha del sol", pues el sol, elevándose por el Este, mira al Oeste y se encuentra con el Norte a su derecha y con el Sur a su izquierda.

El Norte es primero una llanura, la llanura "divina" por excelencia, *teotlalli.* Se dice también "las nueve llanuras" porque el número nueve es el del infierno y de las divinidades terrestres, o subterráneas. Los nahuas conocían bien esas estepas de cactos donde habían vivido antaño, estepas áridas, sin límites, cubiertas de plantas espinosas, entre las cuales, durante las migraciones, se encontraba a los Mimixcoa. Una de las expresiones que se aplican al Norte es *Mimixcoa intlalpan*, "la llanura de las serpientes de nubes"; esos Mimixcoa son los seres míticos del cielo septentrional, ya estrellas, ya demonios indistintos que vagan entre los cactos. Su prototipo es el anciano Iztacmixcóatl, de barba y cabellos blancos, antepasado de las tribus históricas. Según una tradición muy conocida, esas tribus, en número de siete, habían salido de un lugar situado lejos, al Norte, Chicomoztoc, "las siete cuevas". El Norte, región donde los muertos van a desaparecer para siempre bajo tierra, también es la región de donde han venido los vivos, brotando de la tierra-madre.

Esta tradición responde, por otra parte, en lo que concierne a los nahuas, a una realidad histórica, pues efectivamente habían vivido en esas regiones antes de llegar al altiplano central. Así, el Norte simbolizaba a sus ojos la vida errante de nómadas cazadores que habían llevado en la época en que ellos mismos no eran más que "chichimecas", bárbaros. El dios que personifica ese género de vida es Mixcóatl, dios septentrional, cazador y guerrero, lanzador de flechas. Los dardos que lanza son de *tzihuactli*, planta espinosa de las estepas. Lleva un morral tejido, donde coloca sus presas.

Uno de los himnos que Sahagún nos ha conservado es el *Himno de los Mimixcoa*. Está compuesto en un dialecto náhuatl antiguo, muy oscuro y casi intraducible en el siglo XVI: el comentador azteca ha indicado en una nota que se trata del "chichimeca", o sea del viejo lenguaje de los bárbaros del Norte antes de que hubiesen asimilado la civilización y la lengua de los sedentarios del centro. Algunos pàsajes pueden interpretarse de la manera siguiente:

> He venido de Chicomoztoc.
> He venido de la región del *tzihuactli*.
> He nacido con mi flecha de *tzihuactli*.
> He nacido con mi morral de red.

Se trata claramente de una descripción de Mixcóatl, con su equipo típico de cazador bárbaro. El himno continúa:

> Yo lo atrapo, yo lo atrapo,
> Yo lo atrapo, yo lo atrapo,
> ¡Y él está atrapado!

"Estribillo de cazador chichimeca", dice el escoliasta azteca. Para aquellos mexicanos del centro, el Norte era, al mismo tiempo que la región de sus orígenes, la de la vida primitiva y salvaje que habían dejado atrás desde hacía tiempo.

Región de caza, también lo es de la guerra, *tlacochcalco*, "la casa de la flecha". El águila, símbolo de la guerra, es el ave del Norte. Tezcatlipoca, dios septentrional, lleva el nombre de "guerrero de la casa de la flecha". También Mixcóatl es un guerrero. El signo del Norte es el *técpatl*, el cuchillo sacrificial de pedernal que representa a Mixcóatl, hace las veces de nariz de la máscara macabra del dios de la muerte y, en las ilustraciones de los manuscritos, adorna las plumas del águila. No olvidemos que la guerra, entre los antiguos mexicanos, tenía por objetivo, esencialmente, la captura de víctimas para el sacrificio; el cuchillo de pedernal es, por tanto, el justo símbolo de esta guerra sagrada. En Tenochtitlán, la "semana" de 13 días que comenzaba con la fecha 1-*técpatl* estaba consagrada a Huitzilopochtli, dios de la guerra, y a Camaxtli, dios de origen chichimeca que no es más que un doble de Mixcóatl. Sin duda por orgullo nacional, los aztecas hicieron de su dios particular, Huitzilopochtli, el equivalente del sol victorioso, por tanto un dios del Sur. Originalmente, presentaba mil rasgos comunes con Mixcóatl, Camaxtli, etc., dioses guerreros del Norte.

El Norte es también la región negra del frío, de la noche, del invierno (estación seca): por tanto, de la aridez y del hambre. Los años cuyo signo es *técpatl*, pedernal, son temidos, pues se cree que pueden estar marcados por la sequía. Tezcatlipoca, dios del Norte, simboliza el cielo nocturno y el viento de la noche; se le representa vestido o pintado de negro.

Por último, es "bajo la llanura divina" del Norte donde se extienden los abismos misteriosos de la morada de los muertos.
Mictlan es un lugar nocturno, donde el sol pasa durante la noche antes de volver a subir por el Este, y donde los muertos se hunden progresivamente abolidos y borrados en las tinieblas del "país sin puertas ni ventanas".

El Oeste era llamado *Cihuatlampa*, "el lado de las mujeres". Allí residen diosas terrestres, así como las Cihuateteo, mujeres divinizadas. Las imágenes que el Oeste evoca son las de femineidad y de antigüedad, ancianidad. De allí derivan unas representaciones al parecer contradictorias, y sin embargo hondamente ligadas.

Para empezar, el Oeste es la región del origen de los hombres. Es en el Oeste donde se abrió en la tierra un agujero del que salieron las generaciones pasadas. Ese agujero es una caverna, análoga a las siete cuevas del Norte, Chicomoztoc. Ya habrá ocasión de observar, varias veces, que el Norte y el Oeste presentan muchos rasgos comunes; los nahuas habían llegado al altiplano habiendo partido del Norte y pasado, al menos algunos de ellos, por el Oeste: la Sierra Madre Occidental y Michoacán. En tanto que lugar de origen, el Oeste se confunde con *Omeyocan*, el decimotercer cielo, donde reside la pareja primordial que decide los nacimientos; *tlacapillachihualoya*, "el lugar en que se fabrican los hijos de los hombres".

Pero el Oeste también es el lado de la vejez, *Tamoanchan*, el jardín cuyo signo es un árbol, pero un árbol roto y derribado. Las viejas diosas "vienen de *Tamoanchan*", como dice el *Himno de Teteoínan*. Allí se retiran la vegetación vieja y gastada, el maíz viejo, los muertos antiguos y los de los mundos que han precedido al nuestro. El término *tamoanchan* apenas es traducible: quizá signifique "lugar del declinar": declinar del sol, vejez de las plantas y aun de los dioses. El signo de día y de año que corresponde al Oeste es *calli*, "casa", que designa en especial la casa en que se encierra el sol, en el crepúsculo.

Así se encuentra toda una serie de imágenes lúgubres ligadas a las que acabamos de indicar. El Occidente es, por excelencia, junto con el Norte, una región de tinieblas, donde rondan fantasmas terroríficos, las Cihuateteo. Es la "región de la muerte del sol", el lugar del terror *(mahuizpan)*, la "región de las nieblas". El origen de los hombres y de su declinar está envuelto en el misterio, y al Oeste se le llama *quenamican*, literalmente "el lugar del cómo", el lugar de la interrogación perpetua. Punto de contacto entre el mundo del hombre y la otra vida, el Occidente es la puerta del misterio.

Por último, la imagen misma de la niebla evocaba inmediatamente en los antiguos mexicanos la imagen de la lluvia, y por tanto de la fertilidad y la fecundidad. Este atributo, por cierto, conviene perfectamente al "lado de las mujeres", de las diosas-madres y de las divinidades del maíz. Tamoanchan es un jardín, un jardín regado *(amilpampa)*, donde habita Xochiquétzal, la diosa de las flores. Uno de los nombres que se dan al Oeste es *Chalchiuhmichuacan*, "el lugar de los peces de piedras preciosas". El pez es un símbolo de fecundidad, y los "peces de piedras preciosas" evidentemente representan la abundancia en todas sus formas, la plenitud de la generación humana y vegetal. *Michuacan*, "la región de los peces", designaba y designa aún hoy la provincia habitada por los indios tarascos, al borde de los lagos de Pátzcuaro y de Cuitzeo, al oeste del valle de México. ¿Se deriva el nombre del Oeste mítico del de la provincia histórica a causa de sus lagos ricos en peces? ¿O bien la provincia ha recibido ese nombre por alusión al punto cardinal en que se encontraba ubicada respecto de los mexicanos del centro? La segunda interpretación parece la más probable. Para los nahuas del valle de México, todo lo que estaba al oeste de su hábitat *debía*, por definición participar de las características del Oeste.

Si se analizan esas asociaciones singularmente complejas, se verá que, sin embargo, no son incoherentes. No es asombroso que se hayan unido las viejas diosas, la generación, la fecundidad, la abundancia, el agua y la lluvia, por un lado, y por el otro la vejez y el declinar. La aparente contradicción entre esas dos series de imágenes se explica por la representación misma de la antigüedad, ligada a la femineidad, pues las diosas son, por excelencia, los más antiguos de los seres, los que han hecho nacer a

los demás, a los dioses y a los hombres, especialmente Tonacacíhuatl, cónyuge femenino en la pareja primordial. Así se explica también que el Oeste presente tantos rasgos comunes con
el Este, lado del renacimiento, pues la vegetación vieja se va de
Tamoanchan para ir a reaparecer al Oriente, y con el Norte, lado
de la oscuridad y de la muerte y, asimismo, del origen de los
pueblos históricos.

La asociación mujer-fecundidad-agua-lluvia es característica
de los mitos relativos a la luna. Ya hemos mostrado cuán estrecha
es la relación de la luna con las diosas terrestres, que llevan su
símbolo como adorno de la nariz, y con el agua, la lluvia, la fecundidad vegetal y la fertilidad de las mujeres. La alternancia de
sus fases corresponde al lado positivo y al lado negativo de la
representación del Oeste: nacimiento y declinar. Entre los símbolos de la luna figuran la concha, matriz de la mujer, y el cráneo
descarnado que representa a la muerte. No queremos decir que
todo este conjunto de imágenes se remita a un mito lunar; sería
reducir a límites mezquinos un conjunto tan considerable; sólo
queremos indicar que todo se sostiene en una concepción mítica
del universo y que allí se encuentran sin cesar algunos grandes
temas indefinidamente reflejados.

El Sur era designado en náhuatl por la palabra *Huitztlampa,* "el
lado de las espinas"; los manuscritos lo simbolizan por un árbol
espinoso. Por ese carácter, la representación del Sur está evidentemente ligada a la del Norte. Tezcatlipoca, el "guerrero del Norte", también es llamado a veces Huitznáhuac Yáotl, "el guerrero
meridional".

Se decía igualmente que el Sur estaba "a la izquierda del sol",
lo cual explica que Huitzilopochtli, el "Colibrí de la Izquierda",
sea un dios del Sur. Como hemos dicho, es un dios solar. Sin embargo, tal parece que, en ciertos casos, sólo el Este y el Oeste son
considerados como espacios solares. En el *Códice Borgia* (p. 27),
el cielo del Norte y del Sur está representado sin sol, en contraste con el cielo del Este y el Oeste. En el *Códice de Bolonia*
(pp. 12-13), se ven unas aves diurnas en las casas del Este y del
Oeste, y unas aves nocturnas en las del Norte y del Sur.

A la gente del altiplano central, el Sur les parecía una región tropical, tibia y lluviosa; por ello no es sorprendente encontrar rasgos comunes entre la representación de este espacio y la de los otros espacios, caracterizados por la lluvia y la fertilidad. Por ejemplo, Macuilxóchitl, dios del Este, también es dios del Sur. Los términos de "región de flores" y del "país de los campos regados" que designan al Oeste, bajo uno de sus aspectos, se aplican también al Sur. Los mexicanos eran muy sensibles a las diferencias de clima y de vegetación en las diversas regiones del México que conocían, y esto no debe sorprendernos, puesto que de ello dependían su alimentación y su vida misma. Oponían con toda naturalidad a la aridez total del Norte desértico y a la semiaridez del altiplano central, la humedad fecunda de las vertientes laterales de la mesa del centro y del Sur tropical.

Hay que tomar en cuenta que los nahuas del centro, los aztecas en particular, sólo sabían pocas cosas, y desde hacía muy poco tiempo, sobre los territorios que se extendían al sur de su hábitat normal. Sólo en el siglo XV se habían instalado sus fuerzas militares en el valle de Oaxaca.[24] Más lejos sólo penetraban pequeñas expediciones comerciales y guerreras, a lo largo del Pacífico, hasta las tierras exuberantes de Guatemala. Esta región costera del Pacífico era conocida con el nombre de *Xoconochco*, "la región de las tunas agrias"; en efecto, en las tierras fértiles del Sur, esta banda costera arenosa y desecada por el viento presenta un contraste notable con el resto del país. La escasa vegetación xerófila que allí crece bien pudo dar nacimiento al nombre de "región de las espinas", mientras que el valle bien regado y fértil de Oaxaca, así como las selvas de Chiapas y de Guatemala, justifican ampliamente las imágenes de abundancia y de humedad que el Sur evocaba en los mexicanos centrales.

<hr>

[24] Azteca: *Uaxyácac*, "el lugar donde empieza a darse la calabaza", planta de clima templado y húmedo. Por tanto, es el punto donde cesa la aridez de las tierras altas. Los indios de esta región eran llamados zapotecas: *tzapoteca*, "la gente del zapote", fruto que se encuentra en abundancia en los países tropicales. El análisis de esos nombres muestra hasta qué punto esta región parecía a los aztecas la puerta misma de las regiones fértiles de clima húmedo.

En resumen, creemos que los dos aspectos principales del paisaje, de la naturaleza, en los territorios meridionales poco conocidos y recién penetrados explican las representaciones contradictorias del Sur. La región de los campos regados y de las flores está constituida por Oaxaca y las selvas tropicales; la región de las espinas es el árido y quemante *Xoconochco*, a lo largo del Pacífico. A medida que los indios del altiplano, habituados al aire fresco de las alturas, descendían hacia el Sur, siguiendo este camino costero que aún hoy es la principal vía de acceso a Guatemala, se sentían abrumados por el calor creciente, por la atmósfera llameante en que penetraban.[25] Aquel era, sin duda, el espacio dominado por Huitzilopochtli, el sol triunfante. A veces también se ve al Sur como el lado del fuego, y esta representación es igualmente explicable: los que, partiendo del altiplano central, seguían el camino de Teotitlán a través de las montañas y desembocaban en el tibio y privilegiado valle de Oaxaca, a una altitud media, con su clima moderado y sus lluvias abundantes, venidas de las cumbres nebulosas,[26] veían allí, con razón, el Sur Xochitlampa, "el lado de las flores".

Un último aspecto del Sur es el de país de la muerte, no tanto como morada de los difuntos sino como residencia del dios de la muerte, Mictlantecuhtli.[27] Esta representación no deja de ser bastante notable si se recuerda cuán estrechamente ligado está el infierno subterráneo con el espacio septentrional. No olvidemos, empero, que existen algunos puntos comunes entre Sur y Norte como ya lo hemos mostrado. Es posible que ese hecho se explique como una tradición local. Es sabido, en efecto, que muchos manuscritos indígenas que poseemos parecen ser originarios de la región de Teotitlán, en la entrada de Oaxaca, y no de Tenochtitlán; así pues, reflejan las ideas y las tradiciones propias del colegio de sacerdotes venerados que residían en esa ciudad.[28] Ahora

25 Uno de los poblados más importantes de esta región lleva el nombre de Tonalá, en azteca "lugar del calor".

26 Esas montañas son las de la región llamada "Mixteca", del azteca *mixteca*, "la gente (de la región) de las nubes".

27 Véanse especialmente los códices *Borgia*, p. 52; *Fejérváry*, p. 1, y *Bolonia*, p. 13.

28 Teotitlán significa "entre los dioses", testimonio del carácter sagrado del lugar.

bien, también se sabe que los indios de Oaxaca ubicaban la morada de los muertos en el valle mismo, en el sitio llamado hoy Mitla, o sea Mictlan. Si los sacerdotes de Teotitlán compartían esta creencia, entonces naturalmente debían situar la residencia infernal en Oaxaca, al sur de su ciudad. Se comprendería, de esta manera, que ciertos manuscritos representan, sin ninguna posibilidad de error, a Mictlantecuhtli como protector o dominador del espacio meridional.

La quinta de las direcciones del espacio es el centro. Es el lugar de cruce de las demás direcciones, el sitio de reunión de lo alto y de lo bajo. Allí se totalizan las particularidades del espacio. El *Códice Borgia* representa el centro por medio de un árbol multicolor, rematado por un quetzal, pájaro del Este, y brotando del cuerpo de una diosa terrestre (Oeste); a uno y otro lados de este árbol están representados Quetzalcóatl y Macuilxóchitl. En otro pasaje del mismo manuscrito, el centro está simbolizado por una cabeza monstruosa; es que, encrucijada por excelencia, el espacio central es propio, como todas las encrucijadas, a las apariciones de monstruos y de fantasmas, en particular a las de los Tzitzimime. Por último, a veces es Xiuhtecuhtli, el dios del fuego, quien representa la dirección central, pues el centro corresponde al hogar, que arde en medio de cada casa; el universo es la casa agrandada.

También aquí estamos lejos de encontrarnos ante una imagen homogénea para esta dirección cardinal. O bien el centro es considerado como la síntesis de los otros espacios, participando de sus cualidades diversas, y como el lugar estable del hogar divino de Xiuhtecuhtli, prototipo y fuente de todos los hogares, o bien no es más que el lugar inquietante de las apariciones y de los presagios, el punto de reunión de mundos extraños. Presenta un aspecto favorable y un aspecto nefasto, un aspecto "derecho" y un aspecto "izquierdo".

Tales eran los rasgos principales de las representaciones colectivas tradicionales de los antiguos mexicanos concernientes a las direcciones del espacio. A cada una de esas direcciones se les asignaban fenómenos naturales como vientos, colores y dioses, símbolos a su vez de cualidades abstractas.

Los mexicanos distinguían cuatro vientos, provenientes todos ellos del sexto cielo si hemos de creer a la *Historia de los mexicanos por sus pinturas*, y provocados por el dios Quetzalcóatl bajo la forma de Ehécatl, "el viento". El culto al dios del viento estaba muy difundido en el antiguo México: se le consagraban templos circulares, que supuestamente ofrecían menos resistencia al viento. Ehécatl era conocido y adorado no sólo entre los nahuas, sino entre otros pueblos del altiplano como los otomíes y los matlazincas. Los cuatro vientos eran caracterizados de la manera siguiente:

1. Viento del Este: *Tlalocáyotl*, "cosa de Tláloc". Era un viento dulce, tibio y favorable.

2. Viento del Norte: *Mictlampa ehécatl*, "viento del lado de Mictlan". Decíase que este viento, frío e impetuoso, hacía naufragar las canoas que navegaban sobre la laguna de México.

3. Viento del Oeste: *Cihuatlampa ehécatl*, "viento del lado de las mujeres", o *cihuatecáyotl*, "cosa femenina" Era un viento fresco y húmedo.

4. Viento del Sur: *Huitztlampa ehécatl*, "viento del lado de las espinas". Se temía su violencia.

Es evidente que la observación espontánea de los fenómenos naturales y las prenociones mitológicas se combinaron hasta terminar en esta clasificación de los vientos. De que el viento del Norte es frío e impetuoso no cabe duda; pero si añadimos expresamente que hace naufragar las canoas es porque, llegando de Mictlan, está cargado con un poder mortal. Es el viento del infierno y de la muerte.

Entre las características importantes de las direcciones del espacio figuran los colores. En todos los pueblos en que la representación del mundo está dominada por la de las direcciones cardinales, el simbolismo de los colores se ha desarrollado con vigor· esto es lo que puede verse en China, entre los indios pueblo. etc. En México nos encontramos ante documentos bastante contradictorios. Ya hemos señalado la persistencia, hasta la época de la conquista, de tradiciones locales que nunca fueron totalmente incorporadas a una ortodoxia. Por lo que concierne a los colores, la importancia misma que se les atribuía ha complicado la si-

tuación: cada dios, por ejemplo, es caracterizado por uno o por
varios colores,[29] y como los dioses pueden dominar a la vez más de
un espacio, transfieren, por así decirlo, a esos diversos espacios sus
colores particulares. Además, como había más colores fundamentales que puntos cardinales, se ha tenido que hacer una elección
arbitraria y diferente según las localidades que se refleja en conceptos y documentos que están lejos de coincidir.

El Este es calificado generalmente de "región roja" *(Tlapallan)*,
en tanto que lugar de la aurora. El lado correspondiente a este
punto se halla pintado de rojo en la mayor parte de los manuscritos: *Fejérváry*, (p. 1), *Borgia* (p. 27), etc. Se le adscribe a veces el
color amarillo, que parece casi idéntico al rojo como valor afectivo entre los mexicanos. Por último, a veces se pinta de verde *(Borgia,* (p. 72) el lado del Este, en tanto que región de Tláloc, de la
lluvia, de la vegetación abundante.

El color fundamental del Norte es el negro, como conviene al
país de las tinieblas y del dios nocturno Tezcatlipoca. En raras
ocasiones se encuentra el color rojo a causa de Mictlantecuhtli,
dios de la muerte, cuyos ornamentos generalmente están pintados
de ese color, o el amarillo, a causa de la diosa terrestre *(cf. Borgia,*
p. 72) que puede adjudicarse al Norte como divinidad de las estepas. Pero éstas son representaciones particulares no sólo de un
manuscrito sino de tal o cual página de él, que se explican por el
papel atribuido a una divinidad determinada. De hecho, el color
septentrional es, sin duda, el negro.

El Oeste, en cambio, es blanco, color de la vestimenta de las
diosas terrestres y de la piel de Quetzalcóatl. A veces es azul, color
de las diosas del agua, que están tan cerca de las de la tierra.

El Sur es esencialmente azul, color del cielo del mediodía y de
Huitzilopochtli. Sin embargo, se le pueden adjudicar como colores secundarios el rojo, color de Macuilxóchitl, que es un dios a la
vez del Este y del Sur, y el verde, color de la turquesa, símbolo del
fuego.

[29] Huitzilopochtli: azul y amarillo; Macuilxóchitl: rojo, amarillo y blanco; Xipe Tótec:
amarillo; Chalchiuhtlicue, verde, azul y blanco, etcétera.

En cuanto al centro, no tiene color particular. Síntesis y encuentro, puede ser multicolor, como se lo figuran también los indios pueblo.

Así, las relaciones de los colores con los puntos cardinales pueden resumirse de la manera siguiente:

Puntos cardinales	Colores fundamentales	Colores secundarios
Este	Rojo	Amarillo, verde
Norte	Negro	Rojo, amarillo
Oeste	Blanco	Azul
Sur	Azul	Rojo, verde

El hecho de que los cuatro colores: rojo, negro, blanco y azul, sean los colores fundamentales es algo que bastaría para probar no sólo la mayor parte de los documentos precolombinos, sino también tradiciones como la del nacimiento de los cuatro dioses, cada uno de los cuales se distingue por uno de esos cuatro colores.

Para comprender mejor las relaciones simbólicas que unen a los colores, y por qué pueden desempeñar la función de colores secundarios de tal o cual espacio en ciertos casos, hay que considerar que esos colores son emblemas; cada uno de ellos evocaba irresistiblemente, para los antiguos mexicanos, una o varias imágenes, una o varias cualidades, ciertos fenómenos de la naturaleza. En esas asociaciones reside el principio de las atribuciones y de las transferencias, al parecer arbitrarias; por ello es indispensable tratar de enumerarlas y caracterizarlas brevemente.

El *negro* no tiene más que un significado: Norte y noche. Es el color de los dioses nocturnos como Tezcatlipoca, de los hechiceros y de los dioses-hechiceros como Tláloc, cuyo cuerpo siempre está pintado de negro.[30]

El *rojo* evoca, ante todo, el Este, el sol levante, el renacer, la juventud de la vegetación y del hombre, el placer, el canto, el amor

---

[30] También es posible que la pintura negra del cuerpo de Tláloc simbolice la nube de tormenta. Pero no olvidemos que Tláloc lleva el título de *nahualpilli*, "príncipe hechicero".

y los juegos, los dioses graciosos y siempre jóvenes como Centéotl; pero también es uno de los colores del Sur, porque el rojo es el emblema del sol, del fuego, del calor tórrido. Por último, Mictlantecuhtli lleva ornamentos rojos; y rojos son también los cuchillos sacrificiales que rematan las plumas de las águilas del Norte. Así pues, en ciertos casos, el rojo puede corresponder al Norte.

El *amarillo*, como el rojo, es el color del sol y del fuego. La piel de la víctima desollada con que se envuelve Xipe Tótec, dios del sol levante y de la vegetación regenerada en primavera, está pintada de amarillo; y también es amarilla la pintura facial del dios del fuego, Xiuhtecuhtli, llamado Ixcozauhqui, "El que Tiene la Cara Amarilla". Todas esas imágenes del sol y del fuego están estrechamente asociadas con el Este (Xipe Tótec), el centro y el Sur (fuego) El amarillo es, por otra parte, el color de Tonatiuh, el sol.

Pero a esta serie de imágenes se le opone otra: el amarillo como color del maíz maduro, del maíz viejo, de las viejas diosas, es la "flor amarilla" de que habla el *Himno a Teteoínan*. El amarillo solar es asociado con el rojo; el amarillo vegetal es su antítesis. Bajo este aspecto, es el símbolo de la vejez, de la región del declinar, del Oeste. Es difícil no ver aquí, de nuevo, el dualismo que yace en el fondo de tantas representaciones colectivas mexicanas: la interpretación del amarillo como color solar es la tradición de los nómadas cazadores; el amarillo como emblema del maíz maduro es la tradición de los antiguos agricultores.

El *azul* y el *verde* se distinguen tanto más difícilmente cuanto que la misma palabra, en náhuatl y en la mayor parte de las lenguas mexicanas, se aplica a los dos colores. El azul-verde del agua y el de la piedra preciosa que los indios apreciaban tanto, el *chalchíhuitl*, se confunden en un signo único de prosperidad y de abundancia vegetal. Chalchiuhtlicue, "La que Lleva una Falda de Piedras Verdes (o azules)", también es llamada Matlalcueye, "La que Lleva una Falda Verde (o azul)", en cierta región de México, entre los nahuas de Tlaxcala. Con uno u otro nombre, es la diosa del agua fecundante y la compañera de Tláloc.

En el *Códice Fejérváry-Mayer* (p. 1), el lado del Oeste está pintado de azul-verde, porque en él aparecen las diosas Tlazoltéotl y Chalchiuhtlicue. Pero esta divinidad se relaciona a menudo con el Este, y el color verde (azul) caracteriza al paraíso terrestre de *Tlalocan.* Oponiéndose al azul-verde del agua, el azul del cielo meridional no evoca más que la victoria del sol; es el color de las pinturas y de los adornos de Huitzilopochtli en tanto que dios del Sur. Mientras que el *chalchíhuitl* representaba para los antiguos mexicanos el agua y la fertilidad, otra piedra preciosa, asimismo azul-verde, simbolizaba a sus ojos el fuego: era la turquesa, *xíhuitl.* Puede verse ahora por qué dédalo de asociaciones hay que pasar para comprender ese simbolismo: la turquesa representa el fuego porque es del color del cielo del Sur, dominio del sol implacable que triunfa al mediodía. Por su parte, el sol del Sur es asimilado al fuego, y el Sur es el lado del fuego. Asimismo, en el lenguaje teológico mexicano, la palabra "turquesa" ha tomado el sentido de "fuego". El sol es saludado con el nombre de "príncipe de turquesa", al dios del fuego se le llama "señor de turquesa", y la serpiente de fuego de Huitzilopochtli siempre es designada con el término de *xiuhcóatl,* "serpiente de turquesa".

Así, el azul y el verde son, a la vez, emblema del agua y del fuego, de la frescura y de la aridez, de la abundancia y de la sequía. La *xiuhcóatl,* la verde "serpiente de turquesa", representa la sequía, el hambre; el pescado de *chalchíhuitl* y la "serpiente de plumas verdes" evocan humedad y fertilidad. El verde y el azul son *Tlalocan,* las montañas del Este con sus selvas de lluvias, o el jardín luminoso de *Tamoanchan,* también son el Sur espinoso y árido, quemado por un sol de fuego.

El *blanco* es ante todo el color del Oeste y de las viejas diosas terrestres. Pero hay demasiadas relaciones entre el Oeste y el Norte para que nos asombre que el blanco caracterice al menos a ciertos personajes míticos septentrionales, sobre todo al viejo Iztacmixcóatl, la "Blanca Serpiente de Nubes". Este anciano del Norte, con su barba y sus cabellos blancos, es al mismo tiempo el antepasado de las tribus errantes de los desiertos y el prototipo de los Centzon Mimixcoa. Simboliza a la Vía Láctea y se destaca, blanco, sobre el fondo negro del cielo nocturno.

También el blanco estaba cargado con otro significado, a los ojos de los antiguos mexicanos. Es el color de las primeras luces del día, antes de que surja el rojo sol levante; por tanto, es el primer paso del alma resucitada, el vuelo del guerrero sacrificado hacia las alturas. Así, todas las víctimas de los sacrificios humanos iban adornadas con el plumón blanco, símbolo de su dichoso destino; y también se representaba llevando ornamentos blancos a los dioses cuyo sacrificio y resurrección celebraba el mito, por ejemplo, Tlahuizcalpantecuhtli.

Resulta útil comparar las concepciones relativas a los colores y a los puntos cardinales entre diversos pueblos americanos, y aun entre los chinos;[31] por lo demás, no nos proponemos sacar de esta comparación ni la menor conclusión general sobre las relaciones de esas civilizaciones entre sí. A pesar de todo, sólo se trata de un punto de detalle, y la experiencia de todas las hipótesis frustradas prueba que no se debe fundar ninguna teoría de difusión, de migración o de contacto sobre una base tan estrecha. Esta comparación puede resumirse sin dificultad en la forma siguiente:

CUADRO 1. *Colores y puntos cardinales*

Colores	Significado que se les atribuía entre los:				
	Mayas de Yucatán	Pueblo zuñi	Pueblo tewa	Chinos	Aztecas*
Negro	Sur			Norte	Norte
Rojo	Norte	Sur	Sur	Sur	Este (Sur)
Amarillo	Este	Norte	Oeste		Este (Sur, Norte)
Azul		Oeste	Norte		Sur (Oeste)
Verde				Este (Sur)	Este (Sur)
Blanco	Oeste	Este	Este	Oeste	Oeste

*En cursivas, los significados más "clásicos". Entre paréntesis, los significados secundarios de cada color.

En todo caso, puede concluirse de esta comparación que no hay menor diferencia entre las tradiciones locales de las tribus

[31] Según Granet, *La pensée chinoise.*

americanas, incluso las más próximas unas de otras, como la maya y la azteca, que entre las de esas tribus y los antiguos conceptos chinos.

Como se ha dicho, fenómenos naturales, astros, dioses, etc., también estaban relacionados con cada uno de esos espacios, "clasificados" bajo cada uno de esos rubros. También aquí, los documentos que poseemos están lejos de coincidir entre sí, y una explicación, por condensada que sea, de esas representaciones, debe tomar en cuenta tales divergencias.

Al Este se le asignaban el paraíso de *Tlalocan,* el viento *Tlalocáyotl,* el planeta Venus, el sol levante, el pájaro quetzal y los años que llevan el signo *ácatl,* "caña". Los dioses clasificados en el Este son, primero, los de los astros de esta dirección, o sea Quetzalcóatl bajo la forma de Tlahuizcalpantecuhtli (Venus) y Tonatiuh (el sol); luego los dioses del agua y de la vegetación, Tláloc, Centéotl, etc., y por último Xipe Tótec, divinidad solar y agrícola a la vez.

Al Norte se le asignaban el infierno sombrío de Mictlan, el viento *Mictlampa ehécatl,* la luna, la Vía Láctea y las constelaciones septentrionales, el águila, los años dominados por el signo *técpatl,* "pedernal", los dioses nocturnos como Mixcóatl y Tezcatlipoca,[32] y los dioses de la morada de los muertos.

Al Oeste correspondían el jardín de *Tamoanchan,* el viento *Cihuatecáyotl,* el sol poniente, Venus como estrella de la tarde, el colibrí[33] y los años que llevaban el jeroglifo *calli,* "casa". Se atribuían al espacio occidental las diosas terrestres, las Cihuateteo; Quetzalcóatl bajo su forma habitual o bajo las de Xólotl, el dios que desciende a los infiernos, o de Ehécatl y, por último, a veces, los dioses ordinariamente clasificados en el Este, como Xipe Tótec *(Borgia,* p. 25) o Centéotl *(Borgia,* p. 51; *Códice de Bolonia,* p. 13), sin duda porque son divinidades de la vegetación, y por tanto en relaciones estrechas con las diosas terrestres.

---

[32] Dioses que representan, respectivamente, a la Vía Láctea y a la Osa Mayor. Tezcatlipoca también puede ser considerado un dios lunar en ciertos aspectos.

[33] Según el *Códice Borgia* y el *Códice Fejérváry-mayer.*

El Sur es el espacio del fuego, del viento *Huitztlampa ehécatl,* del sol del mediodía, de las constelaciones meridionales, de la guacamaya, de los años dominados por el signo *tochtli,* "conejo". El dios del Sur por excelencia es Huitzilopochtli, armado con su serpiente de fuego. Pero allí también se encuentran, según diversos pasajes de los manuscritos, divinidades del Este como Macuilxóchitl y Tláloc, el primero porque es un dios solar, el segundo porque es el autor de la lluvia de fuego que puso fin a una de las edades del mundo. Tezcatlipoca es ocasionalmente designado con el título de "guerrero del Sur". Mictlantecuhtli está representando al Sur en ciertos manuscritos (por ejemplo, *Borgia,* p. 52; *Fejérváry,* p. 1; *Códice de Bolonia,* p. 13), sin duda, como lo hemos explicado, conforme a una tradición local.

Todas esas características pueden resumirse en un cuadro poco más o menos como el de la página siguiente.

En cuanto al centro, es aún más difícil de definir que los cuatro espacios cardinales. Los manuscritos lo representan de las maneras más diferentes. En el *Códice Borgia* (p. 35) está representado por Quetzalcóatl, que aparece rodeado por cuatro divinidades, una roja, una negra, una blanca y una azul, que están unidas por una línea roja, es decir, por sangre. En el mismo *códice* (p. 72) es la cara monstruosa de Tzitzimime la que marca el centro del mundo. El centro es el punto de contacto de los cuatro espacios, de nuestro mundo y de la otra vida, la encrucijada por excelencia. Las Cihuateteo y Tezcatlipoca aparecen por la noche en los cruces de caminos. Toda encrucijada es un punto ambiguo, peligroso e inquietante, donde llegan a chocar influencias diversas, donde las coyunturas de las apariencias pueden distenderse un momento para dejar lugar a lo extraordinario y a lo horrible que yace oculto detrás de las cosas que vemos.

Cada 52 años se celebraba la fiesta del "Fuego Nuevo", destinada, al fin de un "siglo" indígena, a rehacer y a reafirmar la "ligadura de los años". Esta idea de ligadura tiene por contrapartida la de rotura, de fisura. Se liga porque se teme que la rotura, es decir, la irrupción de las potencias malignas, provoque el fin del mundo. Todos los cronistas nos describen la angustia que embar-

Espacios	Colores	Moradas míticas	Vientos	Astros	Aves	Dioses	Años	Ideas asociadas
Este	Rojo	Tlalocan	Tlalocáyotl	Sol levante, estrella de la mañana	Quetzal	Quetzalcóatl, dios de la vegetación tierna, Xipe Tótec, Tláloc	Ácatl (caña)	Resurrección, fertilidad, juventud, luz
Norte	Negro	Mictlan	Mictlampa ehécatl	Luna, Vía Láctea, Centzon Mimixcoa	Águila	Tezcatlipoca, Mixcóatl, Mictlantecuhtli	Técpatl (pedernal)	Noche, oscuridad, frío, sequía, guerra, muerte
Oeste	Blanco	Tamoanchan	Cihuatecáyotl	Sol poniente, estrella de la tarde	Colibrí	Dioses terrestres, Quetzalcóatl	Calli (casa)	Nacimiento y decadencia, misterio del origen y del fin, antigüedad, enfermedad
Sur	Azul		Huitztlampa ehécatl	Sol del mediodía, Centzon Huiznahua	Guacamaya	Huitzilopochtli, Macuilxóchitl, etc.	Tochtli (conejo)	Luz y calor, fuego, clima tropical

gaba a los indios en cada uno de esos fines de siglo. Si el "Fuego Nuevo" no se alumbrara, toda la máquina del mundo se desplomaría, y los Tzitzimime aparecerían sobre la tierra. El centro es al mismo tiempo un resumen del resto del mundo (por ello se le representa como multicolor) y un punto de ruptura: el *Códice Borgia* (p. 25) lo designa con el jeroglifo *ollin,* "temblor de tierra".

Tal era, pues, la representación general del espacio entre los antiguos mexicanos. El mundo está construido sobre una cruz, sobre el cruce de los caminos que conducen del Este al Oeste y del Norte al Sur.

La cruz era el símbolo del mundo en su totalidad, y los españoles se quedaron muy sorprendidos al encontrar figuras de cruces por doquier en los templos y en los manuscritos. La vestimenta de Quetzalcóatl estaba adornada de cruces, pues es el dios móvil por excelencia, el que atraviesa los espacios para morir y renacer. Cuando los antiguos escribas trataban de representar al mundo, agrupaban en forma de cruz griega o de cruz de Malta los cuatro espacios en torno al centro *(cf. Fejérváry-Mayer,* p. 1, y numerosos pasajes del *Borgia).* Por ello no hay que asombrarse ni de la importancia del número cuatro en toda la mitología y el ritual, ni de la prontitud con que los indígenas admitieron la cruz cristiana durante la evangelización. Por ejemplo, entre los tarahumaras, la cruz y los signos cruciformes desempeñan un papel semejante, en nuestros días, en los indios que se han cristianizado y en los no cristianos. Entre los mayas, los bajorrelieves de la época precolombina muestran muchos ejemplos de cruces que representan, sin duda, las cuatro direcciones.

En los manuscritos, el centro y los cuatro puntos cardinales están marcados por árboles estilizados, con aves características que recuerdan las mandíbulas del monstruo terrestre o el cuerpo de una diosa de la tierra. Cabe plantear aquí una pregunta: ¿fijan esos árboles un límite o son, más bien, postes indicadores que señalan las direcciones fundamentales? Parece que en la época de la conquista, al dilatarse la visión del mundo por obra de los viajes y las guerras de los mexicanos centrales, se tendía a hacer retroceder indefinidamente (lo que no quiere decir al infinito), más allá del horizonte del mar y de los territorios desconocidos, las moradas de los dioses a cada uno de los puntos cardinales. Sea como fuere, los mexicanos no eran los únicos en imaginar que unos seres míticos se hallaban emplazados en el extremo de cada avenida cardinal. Los mayas se representaban allí a los cuatro *Bacab*, encargados de sostener el peso del cielo hasta que el diluvio trajera el fin del mundo.[34] Según los indios pueblo, los cuatro rincones del mundo estaban ocupados por otras tantas divinidades del maíz y por seres totémicos; según los sioux, por cuatro *thunder beings*, "genios del trueno".

Semejante concepción estaba lejos de excluir las relaciones entre los diferentes espacios. Con frecuencia hemos señalado esas afinidades, que bastará con resumir.

El Norte y el Oeste son, ambos, regiones del frío y de la oscuridad, de los dioses antiguos, del origen de los hombres.

El Este y el Sur tienen en común el calor y la luz, el fuego y el sol, las imágenes de juventud y de triunfo.

El Este y el Oeste, unidos entre sí por el sol y por Quetzalcóatl, que pasan como agujas o lanzaderas a través del tejido del mundo, son jardines, ambos, el de la juventud y el de la madurez o de la vejez. Las divinidades astrales por una parte, las de la vegetación por otra, unen con sus viajes eternos esas dos extremidades del universo.

Así pues, hay entre los espacios relaciones laterales y relaciones transversales. Aun cuando se oponen por caracteres antitéticos, se unen por particularidades análogas. Y hasta el Norte y el Sur, al menos en ciertos manuscritos, son, uno y otro, regiones de la muerte. . . Esta asociación de los contrarios era familiar al pensamiento mexicano; ¿no se ve constantemente en los manuscritos, unidos entre sí, como un solo ser uno y doble, a Quetzalcóatl, dios de la resurrección, y a Mictlantecuhtli, dios de la muerte? Quizás una revolución ulterior habría, por así decirlo, aplanado, nivelado, racionalizado esta ideología de una civilización aún muy pró-

---

[34] Landa, *Relación de las cosas de Yucatán*. París, Genet, 1929, t. II, p. 14.

xima a sus orígenes extremadamente diversos. Pero no podemos captarla más que en su aspecto complejo y vivo de los años que precedieron en poco a su desplome, completamente impregnada de un misticismo audaz, reflejando las representaciones tradicionales de tribus y de localidades diferentes, de épocas distintas. El pensamiento de los mexicanos del centro era por entonces semejante a un río que acaba de engrosar por numerosos afluentes, cuyas aguas aún no han mezclado sus diversos colores hasta volverlos irreconocibles. La clase dirigente del joven imperio recibía, admitía sin distinción a los dioses, las creencias, los ritos de todos los pueblos que las armas aztecas sometían. La irrupción brutal del extranjero no le dio tiempo de fundirlos en un cuerpo de doctrina. De ello ganamos el poder observar este pensamiento en todo su vigor, ya elaborado pero aún complejo y vivo por la fuerza misma de sus contradicciones.

ESPACIO Y TIEMPO

Ya hemos mostrado que los años que llevan el signo *ácatl* están relacionados con el Este, los años *técpatl* con el Norte, etc. Pero no se limitan a eso las relaciones entre los espacios y los tiempos. Así como los espacios son radicalmente distintos unos de otros y constituyen áreas cualitativamente singulares, así los tiempos son profundamente diferentes, y cada tiempo particular está en relación con un espacio determinado. Una masa enorme de especulación ha sido dedicada por los indígenas de México a la cronología y al calendario adivinatorio. Para exponer las relaciones de los espacios y de los tiempos es necesario recordar los principios fundamentales de la cuenta del tiempo entre los antiguos mexicanos.

1. Los días son indicados por signos, en número de 20, que son:

1. *cipactli,* monstruo acuático
2. *ehécatl,* viento
3. *calli,* casa
4. *cuetzpalin,* lagartija
5. *cóatl,* serpiente
6. *miquiztli,* muerte
7. *mázatl,* venado
8. *tochtli,* conejo
9. *atl,* agua
10. *itzcuintli,* perro

11. *ozomatli*, mono
12. *malinalli*, hierba
13. *ácatl*, caña
14. *océlotl*, jaguar, tigre
15. *cuauhtli*, águila

16. *cozcacuauhtli*, buitre
17. *ollin*, temblor de tierra
18. *técpatl*, pedernal
19. *quiáhuitl*, lluvia
20. *xóchilt*, flor

Estos signos se suceden indefinidamente, siempre en el mismo orden, sin interrupciones de ninguna especie. Cada uno va acompañado de una cifra, pero la serie de cifras sólo va del uno al 13. Por consiguiente, si se parte de 1-*cipactli*, se llega a 13-*ácatl*, luego se continúa con 1-*océlotl*, etc., sin ninguna interrupción. Como 20 no es divisible entre 13, resulta que sólo se vuelve a la fecha 1-*cipactli* al cabo de (13 × 20), o sea 260 días. Este periodo de 260 días constituye el año adivinatorio o *tonalpohualli;* se subdivide, naturalmente, en 20 "semanas" de 13 días, comenzando por 1-*cipactli*, 1-*océlotl*, etcétera.

2. El año solar se compone de 365 días repartidos en 18 meses de 20 días, más un periodo intercalable de cinco días llamados "vacíos", los *nemontemi*, considerados como extremadamente nefastos. Es esencial conservar en la memoria que la sucesión continua de las fechas del *tonalpohualli* y la de las fechas del año solar no se influyen para nada. Son dos series paralelas e indefinidas. Cada día puede ser designado por referencia a los dos sistemas; por ejemplo, 8-*cipactli* 3-*tóxcatl*, es decir, octavo día de la serie de 13, día *cipactli*, 3 del mes *tóxcatl*, así como nosotros decimos: lunes 4 de enero.

3. El número de días del año solar menos los *nemontemi*, o sea 360, es divisible entre 20. De allí resulta que el primero de los cinco días vacíos lleva el mismo signo que el primer día del año; pero, como cada año hay cinco días intercalables, el primer día del año es desplazado cinco casillas respecto del año anterior. Como 20 es divisible entre 5 (cociente: 4), no hay más que cuatro signos, de los 20 del *tonalpohualli*, que pueden marcar el principio del año: son los signos *acatl*, "caña"; *técpatl*, "pedernal"; *calli*, "casa", y *tochtli*, "conejo". Se les llama los "portadores de año".

4. Esos portadores de año son afectados en una cifra, tomada de la serie de 13. Para volver a encontrar la misma cifra con el

mismo signo será necesario (4 × 13) = 52 años. Este es el periodo que nosotros llamamos el "siglo" indígena, y que los mexicanos nombraban *xiuhmolpilli*, "ligadura de los años". Se pensaba que si el fuego nuevo no se encendía a medianoche el último día del último año del siglo, el mundo desaparecería en nuevos cataclismos.

5. La revolución del planeta Venus dura 584 días. Por tanto, cinco años venusinos equivalen a ocho años solares. Se contaban los años de Venus por medio de los signos del *tonalpohualli*. Si se divide 584 entre 20, número de los signos, se obtiene un residuo de 4. Así pues, habrá 20/4 = 5 signos de días, que serán los "portadores" de los años venusinos; son *cipactli, cóatl, atl, ácatl* y *ollin*. Pero, ¿cómo se sucederán las cifras que acompañan a esos signos? Es fácil comprenderlo si se divide 584 entre 13; se obtiene un residuo igual a 12. De allí resulta que la cifra que afecta a cada uno de los portadores de los años venusinos será desplazada 12 casillas en la serie de 13, cada año, o lo que viene a ser lo mismo, una casilla si se remonta la serie; al año venusino 1-*cipactli* sucederá el año 13-*cóatl*, seguido por 12-*atl*, 11-*ácatl*, 10-*ollin*, 9-*cipactli*, etcétera.

6. Si se parte de un año venusino 1-*cipactli*, por ejemplo, ¿cuántos años (venusinos) se necesitarán para que vuelvan la misma cifra y el mismo signo como portador de año? Evidentemente, se necesitarán (13 × 5) = 65 años de Venus. Esos 65 años equivalen a 104 años solares, o sea a dos periodos de 52 años. Así, al cabo de 104 años, el calendario adivinatorio, el calendario solar y el calendario venusino coinciden. Este periodo es el más largo que los antiguos mexicanos hayan tratado en sus cálculos cronológicos; lo llamaban *ce huehuetiliztli*, "una vejez".

Planteados estos principios, se puede estudiar la manera en que esos diversos periodos de tiempo se unen a las direcciones del espacio.

1. Los cuatro puntos cardinales corresponden a los cuatro signos portadores de año, lo que implica los siguientes presagios relativos a esos años:

Este: *ácatl*. Fertilidad, abundancia, riqueza.
Norte: *técpatl*. Aridez, sequía, hambre.

Oeste: *calli.* Son años de pronóstico menos determinado que los anteriores, pero de tendencia más bien nefasta, pues *calli* simboliza la casa en que se oculta el sol, o sea la declinación, la vejez y la muerte.

Sur: *tochtli.* Son años indiferentemente buenos o malos, pues, se dice, "el conejo salta de un lado a otro". Por cierto, el conejo era el símbolo de la fertilidad, de las buenas cosechas, de la bebida; se le atribuía vivir en la abundancia sin trabajar, como "las aves de los campos" del Evangelio.

2. Las cinco grandes direcciones, o sea los cuatro puntos cardinales y el centro, corresponden a los cinco "portadores de año" de Venus. En el *Códice Borgia* (p. 25; *cf.* también *Vaticano B,* p. 70), se ven esos cinco años representados con los dioses correspondientes de la siguiente manera:

Este	Años	*cipactli*	Dios rojo y negro
Norte	—	*cóatl*	Mixcóatl
Oeste	—	*atl*	Xipe Tótec
Sur	—	*ácatl*	Tláloc
Centro	—	*ollin*	

Es el signo *ollin,* "temblor de tierra", el que marca el centro, punto de ruptura posible del mundo, como lo hemos mostrado.

3. Los manuscritos indígenas más importantes[35] ofrecen una repartición muy clara de los 20 signos de días entre las cuatro direcciones. Hela aquí:

Este	*Norte*	*Oeste*	*Sur*
Cipactli	*Océlotl*	*Mázatl*	*Xóchitl*
Ácatl	*Miquiztli*	*Quiáhuitl*	*Malinalli*
Cóatl	TÉCPATL	*Ozomatli*	*Cuetzpalin*
Ollin	*Itzcuintli*	CALLI	*Cozcacuauhtli*
Atl	*Ehécatl*	*Cuauhtli*	TOCHTLI

35 Especialmente el *Fejérváry-Mayer,* p. 1; el *Códice de Bolonia,* pp. 12-13; el *Vaticano,* pp. 17-18, y el *Borgia,* p. 72.

Conviene observar, primero, que cada uno de los puntos cardinales domina cinco signos, es decir, un cuarto del *tonalámatl*, y que los signos "portadores de año"[36] son atribuidos a su espacio habitual: *ácatl* al Este, *técpatl* al Norte, etcétera.

¿Qué ocurre cuando la serie indefinida de los días se desarrolla en el orden normal, o sea en el que hemos indicado al principio de este capítulo? Fácil es ver que entonces cada uno de los puntos cardinales domina sucesivamente un día: *cipactli* —Este, *ehécatl*— Norte, *calli* —Oeste, *cuetzpalin*— Sur, etc. como consecuencia de esta "rotación", cada espacio ha dominado cinco veces al cabo de cada veintena, y 65 veces al fin de cada año adivinatorio.

Pero, ¿por qué esta repartición de los 20 signos entre las cuatro direcciones? ¿Pudo ser cualquiera? Seguramente no. Es la que se obtiene forzosamente cuando se escriben los 260 signos del *tonalpohualli* como aparece en los grandes manuscritos que hemos citado, agrupándolos por columnas verticales de cinco signos y por hileras horizontales de 13, y siguiendo este proceso sin interrupción a lo largo de cuatro páginas. Tenemos así cinco hileras de $4 \times 13 = 52$ signos, o sea 260 días. Esta manera de escribir el *tonalpohualli* entraña las consecuencias siguientes, inevitables.

Cada una de las páginas abarca (5×13) 65 días, o sea un cuarto del año adivinatorio, es decir, cinco "semanas" de 13 días.

La primera columna de cada página está compuesta únicamente de signos del Este; la segunda de signos del Norte; la tercera de signos del Oeste; la cuarta de signos del Sur; la quinta, nuevamente, de signos del Este, etc. Sólo el orden de esos signos cambia de una columna del Este a la siguiente, de una columna del Norte a la siguiente, y así sucesivamente.

La primera columna de cada página comprende signos que son afectados, todos, por la cifra 1. Son los signos iniciales de las "semanas" de 13 días. Hay 5 "semanas" por página y, en cuatro páginas, 20 de esas "semanas". Ahora bien, todas las de la primera página tienen por signos iniciales los signos del Este, las de la segunda página tienen por signos iniciales los del Norte, etcétera.

---

[36] En versales y versalitas en el cuadro.

Así, cada uno de los puntos cardinales domina una "semana" de cada cuatro, de la manera siguiente:

1ª semana	1-*cipactli*	Este
2ª semana	1-*océlotl*	Norte
3ª semana	1-*mázatl*	Oeste
4ª semana	1-*xóchitl*	Sur
5ª semana	1-*ácatl*	Este, etcétera.

En resumen, cada uno de los cuatro puntos cardinales, en el curso del tiempo, domina un día de cada cuatro, o sea 65 en el año adivinatorio; una "semana" de cada cuatro, o sea cinco "semanas" de las 20 del año, y un año solar de cada cuatro, o sea 13 años durante el periodo de 52 años. En cada uno de los planos, el de los días, el de las "semanas", el de los años, cada dirección influye sobre un cuarto del tiempo, por una especie de rotación indefinida.

Se llega así a una verdadera jerarquía de influencias, sobrepuestas en niveles distintos. Las dominaciones o influjos de los espacios embonan unos en otros, a la manera de las muñecas rusas. Aunque no haya ningún documento que lo afirme de manera explícita, es probable que los sacerdotes y los magos tomaran en cuenta ese hecho al establecer sus previsiones. No hay duda de que se atribuía mayor importancia al "influjo" que regía el año que al de la "semana", a este último más que al del día, y también según se tratara de acontecimientos de mayor o menor cuantía, como el destino de las cosechas, el comienzo de una campaña o el nacimiento de un individuo. Intentemos detallar esta jerarquía de influjos, desde el "siglo" hasta el día.

El "siglo" se compone de 52 años que, a su vez, se subdividen en cuatro series de 13 años: la primera comienza por 1-*ácatl* (Este), la segunda por 1-*técpatl* (Norte), la tercera por 1-*calli* (Oeste), y la cuarta por 2-*tochtli* (Sur).

La primera serie, dominada por el Este, abarca 13 años. El primer año, 1-*ácatl,* pertenece al Este; el segundo, 2-*técpatl,* al Norte; el tercero, 3-*calli,* al Oeste; el cuarto, 4-*tochtli,* al Sur; el quinto, 5-*ácatl,* de nuevo al Este, etcétera.

El año 1-*ácatl*, colocado bajo la influencia del Este, está dividido, a su vez, en "semanas" de 13 días. La primera, 1-*ácatl*, corresponde al Este; la segunda, 1-*cóatl*, al Oeste, etcétera.

La "semana" 1-*ácatl*, dominada por el Este, se compone de 13 días; el primero es del Este; el segundo, designado por el signo *océlotl*, es del Norte; el tercero, 3-*cuauhtli*, es del Oeste; el cuarto, 4-*cozcacuauhtli*, al Sur; el 5, de nuevo del Este, etcétera. Así se desarrolla de manera continua, en todos los niveles, el juego de los influjos de las direcciones espaciales. Por tanto, puede haber fechas que estén completamente dominadas por un solo espacio, y otras que estén sometidas a influencias diversas y jerarquizadas. Por ejemplo, el día 9-*ollin* (Este), en la "semana" 1-*atl* (Este), del año 9-*ácatl* (Este), en la serie de 13 años que comienza por 1-*ácatl* (Este) está completamente impregnado de las cualidades propias del espacio oriental. Por el contrario, un día 6-*técpatl* (Norte), en una semana *ácatl* (Este) del año 2-*tochtli* (Sur), perteneciente a la serie de 13 años que comienza por 1-*calli* (Oeste), debía de plantear problemas sutiles a los adivinos mexicanos.

Conviene observar que los periodos de 52 años comenzaban siempre por 1-*ácatl*, año del Este, día inicial de nuestro mundo y del nacimiento del sol, lo cual indica que nuestra era está dominada por el Este y por Quetzalcóatl, que se ha sacrificado en forma de Nanahuatzin para reaparecer por el Este como astro del día.

Así, el pensamiento cosmológico mexicano no distingue radicalmente el espacio del tiempo; sobre todo, se niega a concebir el espacio como un medio neutro y homogéneo, independiente del desarrollo de la duración. Se mueve en medios heterogéneos y singulares, cuyas características especiales se suceden según un ritmo determinado, y de una manera cíclica. Según dicho pensamiento, no hay un espacio y un tiempo, sino espacios-tiempos en que se hunden los fenómenos naturales y los hechos humanos, impregnándose de las cualidades propias de cada lugar y de cada instante. Cada "lugar-instante", complejo de sitio y de acontecimiento, determina de manera irresistible y previsible todo lo que en él se encuentra.   El mundo se asemeja a un decorado en el que unas pantallas coloreadas, movidas por una máquina infatigable, proyectaran reflejos que se sucedieran y se sobrepusieran unos a otros indefinidamente y en un orden inalterable. En semejante mundo, el cambio no se concibe como resultado de un devenir más o menos desplegado en la duración, sino como una mutación brusca y total: hoy, es el Este el que domina, mañana será el Norte; hoy aún vivimos en un día fasto, y pasaremos sin transición a los nefastos días *nemontemi.* La ley del mundo es la alternancia de cualidades distintas, netamente marcadas, que dominan, se desvanecen y, eternamente, reaparecen.

ÍINDICE DE LAS DIVINIDADES AZTECAS

Camaxtli. Doble de *Mixcóatl,* dios del Norte, de la caza y de la guerra. Adorado particularmente entre los nahuas de Tlaxcala y Huejotzingo.

Centéotl. Dios del maíz *(centli).*

Centzon Mimixcoa, las "Cuatrocientas Serpientes de Nubes". Estrellas y nebulosas del Norte.

Centzon Totochtin, los "Cuatrocientos Conejos". Divinidades de la abundancia y de la embriaguez.

Centzon Huitznahuac, los "Cuatrocientos Meridionales". Estrellas del Sur. Vencidos por *Huitzilopochtli,* que los relegó al sur del cielo.

Citlalatónac, "Estrella Brillante". Nombre dado a *Tonacatecuhtli.*

Citlalicue, "La que Tiene una Falda de Estrellas". Nombre dado a *Tonacacíhuatl.*

Cihuacóatl, "Mujer-Serpiente" o, mejor, según las leyes de la composición en azteca, "Serpiente-Mujer". Diosa terrestre.

Cihuatéotl. Singular de *Cihuateteo.*

Cihuateteo, "Dioses-Mujeres". Mujeres divinizadas por haber muerto de parto. Habitan en el cielo del Oeste.

Coatlicue, "La que Tiene una Falda de Serpientes". Diosa terrestre, madre de *Huitzilopochtli.*

Coyolxauhqui. Hermana de *Huitzilopochtli.* Símbolo de la luna y de la noche.

Cuauhcíhuatl, "Mujer Águila". Diosa terrestre y guerrera.

Chalchiuhtlicue, "La que Tiene una Falda de Piedra Verde". Diosa del agua, compañera de *Tláloc.*

Chicomecóatl, "Siete-Serpiente". Diosa de la vegetación, llamada también *Chicomolotzin,* "Venerada *(tzin)* Diosa de las Siete *(chicome)* Mazorcas *(ólotl)".*

Ehécatl, el "Viento". Dios del viento. Es una de las formas de *Quetzalcóatl.*

Ehecatontli, singular de *Ehecatotontin.*

Ehecatotontin, los "Enanos del Viento". Pequeños seres contrahechos que acompañaban a *Quetzalcóatl* y que permanecían en las montañas.

Huehuetéotl, el "Dios Viejo". Dios del fuego.

Huitzilopochtli, el "Colibrí de la Izquierda", es decir, el "Guerrero Resucitado del Sur". Dios de la guerra y del sol en el cenit; es la divinidad tribal de los aztecas de México.

Huixtocíhuatl, "Mujer de la Sal". Diosa del agua salada del mar.

Itzpapálotl, "Mariposa de Obsidiana". Diosa terrestre y guerrera.

Ixcuiname. Diosas terrestres. Son cuatro, una para cada uno de los puntos cardinales, donde representan a *Tlazoltéotl.* Su nombre parece de origen huasteco.

Macuilxóchitl, "Cinco-Flor". Joven dios de la vegetación renaciente, del amor, del canto, de la música. Idéntico a *Xochipilli.*

Matlalcueye, "La que Tiene una Falda Verde (azul)". Nombre dado a la diosa del agua *Chalchiuhtlicue* por los indios de Tlaxcala.

Mayahuel. Diosa del maguey (agave), de donde se extrae el zumo que, fermentado, genera el pulque. Está representada en la forma de una planta de maguey, de donde surge el busto de la diosa.

Mictecacíhuatl. Diosa de los infiernos.

Mictlantecuhtli. Dios de los infiernos *(Mictlan,* "lugar de los muertos", infierno del Norte).

Mixcóatl, "Serpiente de Nubes". Dios del Norte, de la caza y de la guerra; símbolo de la Vía Láctea.

Nanahuatzin. Dios sifilítico, doble de *Quetzalcóatl.* Se sacrificó en la hoguera y se convirtió en el sol.

Omecíhuatl, "Señora de la Dualidad". Miembro femenino de la pareja primordial. También llamada *Citlalicue* y *Tonacacíhuatl.*

Ometecuhtli, "Señor de la Dualidad". Miembro masculino de la pareja primordial. Llamado también *Citlalatónac* y *Tonacatecuhtli.*

Ometochtli, "Dos-Conejo". Dios de la embriaguez; es uno de los *Centzon Totochtin.*

Otontecuhtli, "Señor Otomí". Dios del fuego, que los nahuas tomaron de los indios otomíes del altiplano central.

Piltzintecuhtli. Compañero de la diosa de la vegetación *Xochiquét-zal.* Idéntico a *Macuilxóchitl* y a *Xochipilli.*

Quetzalcóatl, "Serpiente-Pluma Preciosa" o "Serpiente Empluma-da". Uno de los grandes dioses mexicanos, símbolo de la religión misma, del arte, de la escritura, de la gran civilización. Su historia mítica es la de la muerte y la resurrección. Bajo sus diversas formas, es el viento (*Ehécatl*), el sol (*Nanahuatzin*), el planeta Venus (*Tlahuizcal-pantecuhtli* o *Xólotl*). Su culto estaba extendido por todo el antiguo México. Los mayas lo veneraban con el nombre de *Kukulkán,* "Serpiente-Quetzal". Se encuentran figuras de serpientes emplumadas en el arte indígena de la América del Norte y del Centro, desde los *mounds* del valle del Ohio y del Misisipí hasta Nicaragua.

Quilaztli. Diosa terrestre y guerrera.

Tecciztécatl, "El de la Concha Marina". Dios que se sacrificó en la hoguera para convertirse en la luna.

Tepoztécatl, "El de Tepoztlán". Dios de la embriaguez (uno de los *Centzon Totochtin),* adorado particularmente en Tepoztlán, poblado nahua del valle de Cuauhnáhuac (Cuernavaca).

Teteoínan, la "Madre de los Dioses". Gran divinidad terrestre y lunar.

Tezcatlipoca, "Espejo Humeante". Uno de los grandes dioses del Mé-xico antiguo. Tiene como atributo distintivo un espejo de obsidiana que a menudo reemplaza a su pie mutilado. Dios del Norte, de la noche, de la guerra, del viento nocturno, patrono de los jóvenes guerreros.

Tlalliyólotl, "Corazón de la Tierra". Nombre dado a las diosas terrestres.

Tláloc, "El que Hace Germinar". Dios de la lluvia, uno de los más ve-nerados y temidos por los antiguos mexicanos. Está rodeado de los pe-queños dioses *Tlaloque,* que distribuyen la lluvia y las tormentas. Vive en el jardín del Este, *Tlalocan,* lugar de abundancia vegetal, adonde van los muertos que él ha designado enviándoles el rayo o haciéndoles morir ahogados o por ciertas enfermedades. Su culto se remonta a una gran antigüedad. También se le llama *Tlalocantecuhtli,* "Señor de *Tla-locan".*

Tlaltecuhtli, "Señor de la Tierra". Monstruo terrestre cuyas mandíbulas muy abiertas devoran al sol al ponerse, beben la sangre de los sacrificados y engullen los cadáveres de los que mueren. Reposa sobre el monstruo *Cipactli.*

Tlahuizcalpantecuhtli. Dios del planeta Venus; es una de las formas de *Quetzalcóatl.*

Tlazoltéotl, "Diosa de la Impureza". Diosa de la tierra, de la luna, del amor carnal, de la confesión. Su culto probablemente sea originario de la región oriental de México.

Toci, "Nuestra Abuela". Otro nombre de *Teteoínan.*

Tonacacíhuatl, la "Señora de Nuestro Alimento". Diosa de los cielos superiores, que preside con *Tonacatecuhtli* la generación de los seres vivos. También es llamada *Citlalicue* y *Omecíhuatl.*

Tonacatecuhtli, el "Señor de Nuestro Alimento". Forma con *Tonacacíhuatl* la pareja primordial. También llamado *Citlalatónac* y *Ometecuhtli.*

Tonantzın, "Nuestra Madre Venerada". Otro nombre de la diosa terrestre y lunar *Teteoínan.*

Tonatiuh. Dios del sol.

Tota, "Nuestro Padre". Viejo dios del fuego y del sol; corresponde, del lado masculino, a *Teteoínan-Toci-Tonantzin.*

Tzitzimime. Monstruos que habitan en el Occidente y que aguardan el fin de nuestro mundo para devorar a las criaturas.

Tzontémoc, "Que Cae de Cabeza". Nombre dado a los planetas y a *Mictlantecuhtli*, dios de los infiernos.

Xilonen. Diosa de las mazorcas jóvenes *(xílotl).*

Xipe Tótec, "Nuestro Señor el Desollado" Dios de atributos muy complejos, que preside especialmente el renacer de la vegetación. Se le sacrificaban víctimas que después eran desolladas. Se representa al dios recubierto con una piel humana.

Xiuhtecuhtli. "Señor de Turquesa", es decir, "Señor del Fuego". Dios del fuego.

Xochipilli, "Príncipe de las Flores". Compañero de la diosa *Xochiquétzal.* Es un dios de las flores, de la vegetación tierna, del amor, idéntico a *Macuilxóchitl* y a *Piltzintecuhtli.*

Xochipilli, "Flor-Pluma Preciosa". Joven diosa de la vegetacón renaciente y del amor.

Xócotl. Otro nombre del dios del fuego llamado *Otontecuhtli*, *Huehuetéotl* o *Xiuhtecuhtli.*

Xólotl. Una de las formas de *Quetzalcóatl.* Dios de los gemelos, de las mazorcas y de las plantas dobles; deidad del planeta Venus, que es al mismo tiempo estrella de la mañana y estrella de la tarde. Mensajero de los dioses, penetra en el infierno de *Mictlan.*

Yaocíhuatl, "Mujer Guerrera". Diosa terrestre y guerrera.

Yoalli Ehécatl, "Viento Nocturno". Nombre dado a *Tezcatlipoca.*

Yoalli Tlahuana, "Bebedor Nocturno". Nombre dado a *Xipe Tótec.*

BIBLIOGRAFÍA SUMARIA

Anales de Cuauhtitlán. Véase *Códice Chimalpopoca.*

Beyer, Hermann, *Mito y simbolismo del México antiguo.* México, 1965.

Caso, Alfonso, *El teocalli de la guerra sagrada.* México, 1927.

—*El pueblo del sol.* México, 1953. [FCE, 1971.]

Códice Borbónico, manuscrito mexicano de la Bibliothèque du Palais-Bourbon. París, Leroux, 1899.

Códice Borgia. Reproducción en colores con comentarios (en español) de Eduard Seler. México, Fondo de Cultura Económica, 1963.

Códice Chimalpopoca. "Anales de Cuauhtitlán" y "Leyenda de los Soles". Traducción directa del náhuatl por Primo Feliciano Velázquez. México, 1945.

Códice Fejérváry-Mayer, manuscrito mexicano precolombino de los Free Public Museums de Liverpool. París. Imprenta Recouard, 1901.

Códice Florentino. Véase Sahagún.

Códice Cospio, Cospiano, manuscrito pictórico de los antiguos nahuas. Roma, Danesi, 1898.

Cortés, Hernán, *Cartas de relación.* México, Porrúa, 1971.

Covarrubias, Miguel, *Indian art of Mexico and Central America.* Nueva York, 1957.

Davies, Nigel, *The Aztecs: a history.* Londres, Macmillan, 1973.

Díaz del Castillo, Bernal, *Historia verdadera de la conquista de la Nueva España.* México, Porrúa, 1960.

Durán, fray Diego, *Historia de las Indias de Nueva España y Islas de Tierra Firme.* México, 1867-1880, 2 vols.

Durkheim, Émile y Marcel Mauss, "De quelques formes primitives de classification", *Année sociologique,* t. VI, París, Alcan, 1903.

Duverger, Christian, *La Fleur létale: éconmie du sacrifice aztèque.* París, Seuil, 1979.

Historia de los mexicanos por sus pinturas, en Joaquín García Icazbalceta, *Nueva colección de documentos para la historia de México,* t. III. México, 1891.

Krickeberg, Walter, *Altamerikanische Kulturen.* Berlín. 1956. [*Las antiguas culturas mexicanas.* FCE, 1973.]

Motolonía, fray Toribio de Benavente, *Memoriales.* Luis García Pimentel, ed. Madrid, 1903.

Sahagún, fray Bernardino de, *Historia general de las cosas de la Nueva España*. México, Porrúa, 1956, 4 vols.

—, *General History of the Things of New Spain (Florentine Codex)*. Texto azteca y traducción inglesa de Charles E. Dibble y Arthur J.O. Anderson. Santa Fe, Nuevo México, 1950-1955, 13 vols.

Seler, Eduard, "Die religiösen Gesänge der alten Mexikaner", *Gesammelte Abhandlunge zur Amerikanischen Sprach- und Alterthumskunde*, t. II, Berlín, 1904.

Simoni-Abbat, Mireille, *Lez Aztèques*. París, Seuil, 1976.

Soustelle, Jacques, *la vie quotidienne des Aztèques a la veille de la conquête espagnole*. París. Hachette, 1955. *[La vida cotidiana de los aztecas en vísperas de la conquista*. FCE, 1974.]

—, *Les Quatre Soleils*. París, Plon, 1967.

—, *Les Aztèques*. París, Presses Universitaires de France ("Que sais-je?"), 1970.

Torquemada, fray Juan de, *Veinte i un libros rituales i monarchia indiana*. Madrid, 1723, 3 vols.

Vaillant, George C., *Aztecs of Mexico*. Garden City, N.Y., Doubleday, 1947. *[La civilización azteca: origen, grandeza y decadencia*. FCE, 1965.]

ÍNDICE

Este libro se terminó de imprimir y encuader-
nar en el mes de noviembre de 2004 en Im-
presora y Encuadernadora Progreso, S. A. de
C. V. (IEPSA), Calz. de San Lorenzo, 244; 09830
México, D. F. Se tiraron 1 000 ejemplares.